Christoph Morgner

*Wer gerne lacht,
bleibt länger jung*

Christoph Morgner

Wer gerne lacht, bleibt länger jung

Auf den Spuren eines fröhlichen Glaubens

Dieses Buch wurde auf FSC®-zertifiziertem Papier gedruckt. FSC (Forest Stewardship Council®) ist eine nicht staatliche, gemeinnützige Organisation, die sich für eine ökologische und sozialverantwortliche Nutzung der Wälder unserer Erde einsetzt.

Bibliografische Information der Deutschen Nationalbibliothek

Die Deutsche Nationalbibliothek verzeichnet diese Publikation in der Deutschen Nationalbibliografie; detaillierte bibliografische Daten sind im Internet über http://dnb.d-nb.de abrufbar.

© 2013 Neukirchener Verlagsgesellschaft mbH, Neukirchen-Vluyn
Alle Rechte vorbehalten
Umschlaggestaltung: Miriam Gamper-Brühl, Essen
unter Verwendung eines Bildes von © Shutterstock
Lektorat: Nadine Weihe, Hille
DTP: Breklumer Print-Service, Breklum
Verwendete Schriften: Bembo, Matrix Script
Gesamtherstellung: CPI – Ebner & Spiegel, Ulm
Printed in Germany
ISBN 978-3-7615-5993-2 Print
ISBN 978-3-7615-5994-9 eBook-EPub

www.neukirchener-verlage.de

*Für Lothar Albrecht,
dem ebenso treuen wie fröhlichen Freund,
dem langjährigen Vorsitzenden des Sächsischen
Gemeinschaftsverbandes*

Inhalt

Vorwort 9

**Glaube und Freude gehören
zusammen** 13

Glauben macht fröhlich 19
Der Ursprung der Freude
im Alten Testament 20
Fröhlicher Glaube zur Zeit
des Neuen Testaments 22
Christen und die Freude –
gestern und heute 26
Christliche Lieder und
der »Ton der Freude« 31
Der Glaube lebt und liebt und
triumphiert 35

Zur Freude bestimmt 41
Freude an der Schöpfung 45
Freude an der Erlösung 47
Freude an Gottes Nähe 49
Freude am Engagement für andere ... 51

Freude an der Zukunft 53

Die Freude nährt den Humor **57**
Humor und Menschentypen 61
Humor in der Bibel 63
Humor im Alltag 68

Humor fördert das Lachen **77**
Humor und Lachen gehören zusammen . . 78
Lachen ist gesund 83
Lachen in der Bibel 85
Lachen in der Gemeinde 87
Wenn Konfessionen
aufeinandertreffen … 94
Lachen gegen Wichtigtuerei
und Selbstüberschätzung 99

**Freude, Humor und Lachen – unter
allen Umständen** **105**
Freude auch in schwierigen Zeiten 108
Freude über Gottes herrliche Zukunft . . . 115

Freude steckt an **117**

Quellenverzeichnis **121**

Vorwort

Gott will, dass wir fröhlich seien, und hasst die Traurigkeit. Wenn er nämlich wollte, dass wir traurig seien, würde er uns nicht die Sonne, den Mond und die anderen Früchte der Erde schenken, die er alle uns zur Freude gibt.

MARTIN LUTHER (1483–1546)

Wer es wagt, etwas über die Freude zu schreiben, der setzt sich dem Verdacht aus, oberflächlich und seicht über die Probleme hinwegzulächeln. Ist das Leben, sind die Zustände unserer Welt nicht ernst genug? Belegen nicht die täglichen Meldungen der Medien, dass Freude und Lachen deplatziert sind? Sicherlich gibt es viel Negatives und Ernstes in unserer Welt, doch ich bin überzeugt: Es sind vor allem die fröhlichen Menschen, die heute etwas zum Guten bewegen können. Nur solche, die aus einer großen Freude schöpfen und dann auch entsprechend handeln, werden in der Lage sein, erfreuliche Akzente zu setzen, die sich segensreich auswirken. Unsere Welt braucht heitere Menschen, die eine Perspektive haben, die von einer großen Hoffnung wissen und von einem unbändigen Lebensmut getragen werden. Mit bierernsten Sauertöpfen, ständigen Kritikastern und fanatischen Eiferern, die es auf unserer Erdkugel leider in Hülle und Fülle gibt, ist keinem geholfen. Was sie anrichten, ruiniert alles und alle.

Deshalb habe ich mir vorgenommen, in diesem Buch einen Weg zur Freude aufzuzeigen, der beim *Glauben* an Jesus Christus einsetzt. Bei Jesus stoßen wir auf die Quelle einer *Freude*, die vom Himmel auf die Erde kommt. Diese Freude bleibt glücklicherweise nicht theoretisch und auf fromme Augenblicke beschränkt, sondern sie schlägt sich praktisch nieder und formt die Lebenshaltung des *Humors*. Sie macht uns zu fröhlichen Menschen, die gern und oft *lachen*. Anlässe dafür gehen nicht aus.

Es lohnt sich, ja, es ist dringend geboten, über die Freude nachzudenken, über ihre Quelle und über ihre Auswirkungen. Denn Freude bewirkt Segen, der Kreise zieht. Freude steckt an und entwickelt missionarische Kraft. Wir haben als Christen eine Botschaft, die sich im Leben eines jeden Menschen erfreulich auswirkt.

Ich danke allen, die zum Gelingen dieses Buches beigetragen haben. Das sind vor allem solche Personen, die von fröhlichen Begebenheiten wussten und die mir – meist im Kreis von Freunden – gute Witze erzählt haben. Was haben wir gelacht: bei Mitarbeiterseminaren, bei Sitzungen trotz anstrengender Tagesordnung, im Familienkreis! Und nicht zuletzt abends nach Zusammenkünften von Arbeitskreisen und Vorständen, wo wir nach »des Tages Last und Hitze« (Matthäus 20,12) zusammengesessen haben, um uns zu entspannen und zu ergötzen.

Ich danke den Pfarrern Ewald Grossmann aus Garbsen sowie Frank Morgner aus Wolfsburg, die das Buch kritisch gelesen und mir mit hilfreichen Anmerkungen geholfen haben.

Ein ebenso großer Dank gilt meiner Frau Elfriede, die nach einem seufzenden »Muss das sein? Wer soll das alles lesen?!« dennoch emsig das Manuskript durchgesehen hat.

Des Weiteren danke ich Nadine Weihe aus Hille für die sorgfältige Lektorierung des Manuskripts.

Wer dieses Buch fröhlicher weglegt, als er es in die Hand genommen hat, der hat etwas von dem erfasst, was mir am Herzen liegt. Möge dieses Buch für viele zu einem »Gehilfen zur Freude« (2. Korinther 1,24) werden.

Dr. Christoph Morgner im September 2012

Glaube und Freude gehören zusammen

Aber das ist meine Freude, dass ich mich zu Gott halte und meine Zuversicht setze auf Gott, den Herrn, dass ich verkündige all dein Tun.

PSALM 73,28

Seit Langem besucht der Pfarrer einen Mann, der zur Schwermut neigt. Gerne möchte er ihn ein wenig ermuntern und aufheitern. Doch das ist leichter gesagt als getan. Ermunternde Worte, Bibelverse und Gesangbuchlieder wollen nicht recht greifen. Eines Tages kommt der Pfarrer auf eine Idee. Er nimmt dem Mann ein Buch mit Bildergeschichten des humoristischen Schriftstellers Wilhelm Busch mit. »Die werden sicherlich sein Gemüt aufheitern!«

Nach einiger Zeit kommt der Pfarrer wieder bei dem Mann vorbei. »Na, hat Ihnen das Buch gefallen?« – »O ja«, antwortet der Mann, »aber wenn ich nicht gewusst hätte, Herr Pfarrer, dass von Ihnen das Wort Gottes kommt, hätte ich an manchen Stellen laut lachen müssen!«

So ist das also: Wenn es um die Bibel geht, gibt es nichts zu lachen. Da ist Schluss mit lustig. Und das aus scheinbar triftigem Grund: Ist die Bibel nicht ein ethisches Regelwerk, gespickt mit Verhaltensvorschriften für Gutmenschen? Wer danach greift, stößt allerorten auf Pflichten. Wohin man schaut, kann man viel verkehrt machen. Hier gleicht das christliche Leben einem Slalomparcours: »Ja nicht anecken! Ja nichts auslassen! Nur keinen Fehler machen!« Wer den frommen

Slalom am besten bewältigt, kann sich als guter Christ fühlen.

Wenn wir heute mit Menschen zu tun haben, die dem Glauben eher ablehnend gegenüberstehen, ist deren Bild vom Christsein weithin auf diese moralische Weise eingefärbt: »Der Christ ist ein anständiger Mensch.« Mit Lebensfreude und Glück hat das Christenleben nichts zu tun. Deshalb haben diese Menschen für sich beschlossen: »Christsein, nein danke.«

Diese Haltung bleibt nicht auf solche Zeitgenossen beschränkt, die vom Glauben wenig halten. Auch mitten in der christlichen Gemeinde versteht sich Freuen nicht von selbst. Fröhliches Lachen ist mancherorts Mangelware. Da geht es eher nach dem Motto zu: »Christen müssen artig sein, keine Party, keinen Wein; das Bein, das sich zum Tanze regt, wird im Himmel abgesägt.« Hier liegt christlicher Glaube – oder das, was man dafür hält – wie ein Grauschleier auf dem Leben. Er verdunkelt alles. Glauben wird zum Krampf. Doch das ist jammerschade. Denn hier betrügen wir uns um den Glanz des Christseins, gehört doch »Freude« zu den leuchtenden Worten in der Bibel. Glauben und Freuen gehören zusammen. Eines kann nicht ohne das andere sein.

Leider hat sich das auch bis zur großen Theologie und ihren dickleibigen Büchern kaum herumgesprochen. Hier kommt »Freude« nur als Randthema vor. Man muss es mit der Lupe suchen. Ansonsten geht es vorwiegend ernst und problembeladen zu. Glauben – eine gedankenschwere Angelegenheit. Wen wundert es, dass viele Christen Glauben und Freuen nicht unter einen Hut bekommen!

Auch viele christliche Veranstaltungen leiden an mangelnder Freude. Der Leipziger Thomaskantor Georg Christoph Biller (* 1955) stellt bündig fest: »Unsere evangelischen Gottesdienste sind von Ernst und Traurigkeit gekennzeichnet.« Recht hat er! Wo Paul Gerhardt (1607–1676) einst noch jubelte: »Mein Herze geht in Sprüngen und kann nicht traurig sein«, hat man heute offensichtlich ein Kontrastprogramm aufgelegt. Von Jubel und Freude ist kaum eine Spur. Probleme dominieren. An denen fehlt es bekanntlich nicht: von der Arbeitslosigkeit bis zu Einsätzen der Bundeswehr, von der zunehmenden Erderwärmung bis zum Hunger in einigen Ländern Afrikas, von aktuellen wirtschaftlichen und politischen Krisen ganz zu schweigen. Da geht der Stoff niemals aus. Das alles kann aktuell und lebendig, wenn auch eher grau in grau, entfaltet werden, meinen doch viele Predigerinnen und Prediger, ihren Beitrag beisteuern zu müssen. Doch das wird in den Gemeinden zunehmend als entbehrlich empfunden, weil es kaum über das hinausgeht, was man sich selber denken kann und was in den Medien geboten wird. Eine solche Kirche wird belanglos.

Woher soll hier die Freude kommen? Gehen hinterher die, die am Gottesdienst teilgenommen haben, ein wenig fröhlicher und getroster nach Hause, als sie gekommen sind? Hat sich ein wenig von der Freude und Gelassenheit des Glaubens in ihrer Seele abgelagert? Wenn nicht, dann waren sie wohl im falschen Film.
Wo eine herbe, ernste Frömmigkeit umgeht, leidet die missionarische Ausstrahlung einer Gemeinde. Salopp gesprochen: »Da kommt nichts rüber.« Hier nützt es kaum, dass empfohlen wird, in die Predigt doch mindestens einen Witz einzubauen, um die Gottesdienstteilnehmer zu erheitern. Wenn nicht die gesamte Atmosphäre des Gottesdienstes und die Tonart der Verkündigung von Freude durchzogen sind, bringen lustige Geschichten wenig. Sie wirken wie aufgesetzte Fremdkörper.
Wenn die Grundlage der Freude fehlt, hat es kaum einen Sinn, gelegentlich für ein bisschen Spaß und Lustigkeit zu sorgen. Damit ist keinem auf Dauer geholfen. Aber es ist aller Mühe wert, dafür zu

sorgen, dass Menschen, die unseren christlichen Weg kreuzen, etwas von der Freude des Glaubens spüren. Dann werden sie womöglich ein wenig getroster, entspannter und fröhlicher ihren Weg ziehen. Dann hätte die christliche Gemeinde ein wichtiges Ziel erreicht.

Doch woher kommt die Freude? Was entzündet sie? Wie kann sie in der christlichen Gemeinde Menschen erfassen?

Glauben macht fröhlich

Christen sind ein seliges Volk,
die können sich freuen von Herzen und rühmen,
pochen und tanzen und springen.
Das gefällt Gott wohl
und tut unserem Herzen sanft,
wenn wir auf Gott trotzen,
stolzieren und fröhlich sind.

MARTIN LUTHER

Der Ursprung der Freude im Alten Testament

Der Grund aller Freude liegt in den großen Taten Gottes, die er für uns Menschen vollbracht hat und täglich vollbringt: »Der Herr hat Großes an uns getan, des sind wir fröhlich« (Psalm 126,3), jubelt der Psalmsänger im Rückblick auf wundersame Errettungen, die das Gottesvolk Israel in seiner Geschichte erlebt hat.

Freude ist »im Himmel eine ernst zu nehmende Angelegenheit«, weiß der irische Schriftsteller C. S. Lewis. Die Wurzeln dafür werden bereits im Alten Testament gelegt. Die Wortfelder »freuen« und »fröhlich« nehmen dort einen breiten Raum ein.

Der Psalmsänger jubelt über seinen »Gott, der meine Freude und Wonne ist« (Psalm 43,4). »Seid nicht bekümmert, denn die Freude am Herrn ist eure Stärke« (Nehemia 8,10), ermutigt der Statthalter Nehemia seine Landsleute in Israel, die nach der Zerstörung Jerusalems und der babylonischen Gefangenschaft auf einen neuen Anfang hoffen. Die Quelle der Freude liegt nicht unbedingt in den äußeren Umständen – noch liegt im heiligen

Land zur Zeit Nehemias viel in Trümmern –, sondern in Gott selbst, der seinen Leuten versichert: »Es soll meine Freude sein, ihnen Gutes zu tun« (Jeremia 32,41).

Gott hat offensichtlich Freude daran, uns Menschen Gutes zu schenken. Die Freude beginnt im Himmel. Sie hat ihren Ursprung in Gott und überträgt sich auf die Erde. Gottes Freude will unsere Freude entzünden. Die mit Gott rechnen und auf ihn sehen, »werden strahlen vor Freude« (Psalm 34,6). Kein Wunder, dass der Beter staunt:

Du machst fröhlich,
was da lebet im Osten wie im Westen.

PSALM 65,9

Fröhlicher Glaube zur Zeit des Neuen Testaments

Erst recht ist das Neue Testament von Freude durchzogen. Bereits bei der Geburt von Jesus jubelt der Engel: »Siehe, ich verkündige euch große Freude, die allem Volk widerfahren wird; denn euch ist heute der Heiland geboren« (Lukas 2,10-11). Der Engel proklamiert weder eine neue Religion noch ein Weltverbesserungsprogramm, sondern er ruft die große Freude aus, die sich in dem einen Namen bündelt: Jesus Christus.

Kaum ist Jesus mit seinen Jüngern unterwegs und erzählt den Menschen von Gottes Liebe, spricht er von der großen Freude, die im Himmel ausbricht, wenn ein Mensch zu Gott umkehrt (vgl. Lukas 15,7). Die Freude prägt die Tonart seiner Verkündigung, gerade wenn Jesus Hörer vor sich hat, die gestrauchelt sind, die von anderen geächtet werden und von ihnen nichts Gutes zu erwarten haben. Das Reich Gottes, zu dem Jesus unablässig einlädt, ist bereits hier und heute ein Reich der Freude (vgl. Römer 14,17). Das wird sich in

Gottes Ewigkeit vollenden, wie wir im Vaterunser erbitten (vgl. Matthäus 6,10).

Im Rahmen einer Hochzeit tritt Jesus zum ersten Mal öffentlich auf (vgl. Johannes 2,1–11). Im Orient versteht man zu feiern! Der Wein fließt reichlich, Musik erklingt, es wird ausgelassen gefeiert. Und Jesus freut sich mit den Fröhlichen. Mitten im Jubel und Trubel des Hochzeitsfestes setzt er sein erstes Zeichen: Aus Wasser wird Wein, das Getränk der Lebensfreude (in verträglichen Maßen genossen!) und der überschäumenden Festlichkeit. Jesus verwandelt nicht das vorhandene Wasser in essigsaure Tonerde, um einige Hitzköpfe abzukühlen, sondern er setzt mit seinem Wunder dem Fest die Krone auf.

Als nach dem entsetzlichen Karfreitag, der das Leben von Jesus brutal beendet hat, der Ostermorgen anbricht, werden Frauen zu ersten Zeugen der Auferstehung. Sie können sich aus dem leeren Grab und aus der Botschaft des Engels zunächst keinen Reim machen. Ihr Inneres ist aufgewühlt. Sie sind völlig verstört. Wo ist Jesus geblieben, ihr Herr und Meister? Abschließend heißt es: »Sie gingen eilends weg vom Grab mit Furcht und großer Freude und liefen, um es seinen Jüngern zu verkündigen« (Matthäus 28,8). Das Erschrecken, die Furcht, mischt sich mit »großer Freude«. Beides gehört zusammen. Das Erschrecken wird von der Freude durchdrungen. So finden wir es durchgängig in der Bibel. Das Negative wird nicht einfach aufgehoben, sondern vom Erfreulichen überstrahlt und überboten.

In der Apostelgeschichte wird von einem hochrangigen Regierungsbeamten aus Äthiopien erzählt, der eine Wallfahrt nach Jerusalem unternimmt, um dort den Tempel aufzusuchen (vgl. Kapitel 8,26–39). Auf der Heimfahrt liest er in einer Schriftrolle, die er dort erstanden hat. Gott sorgt dafür, dass unversehens ein Christ seinen Weg kreuzt. Der erklärt ihm, was es mit dem »Lamm Gottes« auf sich hat, von dem in der Schriftrolle des Jesajabuches die Rede ist. Er erzählt dem Mann aus Äthiopien von Jesus, den Gott als Retter für alle Menschen geschickt hat und der für die Sünden eines jeden Menschen gestorben ist. Der Beamte fasst Vertrauen zu dieser Botschaft. Er glaubt und lässt sich umgehend taufen. Der Entschluss des Mannes, sich auf Jesus einzulassen, hat aber nicht nur dieses äußere Zeichen zur Folge. Auch seine Herzenshaltung ändert sich; echte Freude bestimmt nun sein Leben: »Er zog seine Straße fröhlich« (Apostelgeschichte 8,39).

Als die Apostel Paulus und Silas gegen alles römische Recht ins Gefängnis eingesperrt und ihre Füße zusätzlich und schmerzhaft in einen Block gelegt werden, hindert das die beiden nicht, mitten in der Nacht einen Lobgesang anzustimmen (vgl. Apostelgeschichte 16,25). Das kann nur jemand tun, der dafür genügend Gründe hat. Aus dem Lobgesang der beiden wird die Bekehrungs- und Taufgeschichte für eine ganze Familie.

Der Apostel Johannes verfolgt ein ganz bestimmtes Anliegen mit seinem Brief an die Gemeinden: »Das schreiben wir, damit unsere Freude vollkommen sei« (1. Johannes 1,4). Was er in seinem langen Brief an Glaubensinformationen, ethischen Orientierungen und praktischen Lebenshilfen entfaltet, dient also nur dem einen Ziel, die Freude der Briefempfänger zu wecken und zu mehren. Wenn sich die Briefleser am Ende neu ihres Glaubens freuen, hat Johannes sein Ziel erreicht.

Die Linie der Freude, die wir in der Bibel vorgezeichnet finden, zieht sich weiter durch die Geschichte der Christenheit.

Christen und die Freude – gestern und heute

Der »Wandsbecker Bote« Matthias Claudius (1740–1815) bringt in seinem berühmten Abendlied *Der Mond ist aufgegangen* den Zusammenhang zwischen Glauben und Freuen klassisch zum Ausdruck: »Lass uns einfältig werden und vor dir hier auf Erden wie Kinder fromm und fröhlich sein«. Das Frommsein und das Fröhlichsein, das Beten und das Lachen, das Glauben und das Freuen gehören unlöslich zusammen. Wenn Christen fröhliche Leute sind, dann leben sie etwas Wesentliches des Glaubens.

Wir können an der fehlenden Freude den Mangel unseres Glaubens erkennen. Denn wie stark wir glauben, so stark müssen wir uns auch notwendig freuen.

MARTIN LUTHER

Glauben und Freuen wollen in einer gesunden Balance zueinander stehen, das hat auch Martin Luther erkannt. Und so entspricht es der biblischen Botschaft. So tut es uns auch rein menschlich gut. Ein Glaube ohne Freude ist ein Widerspruch in sich. Freudlose Frömmigkeit ist krank.

Die Freude ist unser göttliches Erbteil. Nur sie kann uns beglücken. Sie hat eine so mächtige Beziehung zu unserem Herzen, dass dieses ohne sie keine Ruhe findet. Gott schuf die Freude zu unserem Besten. Der Mensch ist für die Freude geschaffen – und die Freude ist für den Menschen.

FRANZ VON SALES (1567–1622)

Jede Wirkung des Heiligen Geistes zielt auf Freude. Empfindest du, dass dich die Furcht Gottes beginnt, mehr zu freuen als traurig zu machen, ist das eine sichere Wirkung Gottes und des Geistes. Das Herz wird so zum Musikinstrument Gottes, der in deinem Herzen

tönen soll; und dieses Tönen des Gottesgeistes ist nichts anderes, als mit Lust, Liebe, Freude und Begierde an Gott glauben.

HULDRYCH ZWINGLI (1484–1531)

Nikolaus Graf von Zinzendorf (1700–1760), der Gründer der Herrnhuter Brüdergemeine und erste Herausgeber der Herrnhuter Losungen, hat festgehalten, dass Christen »zur Freude disponiert« sind. Weil Jesus Christus und seine Erlösung im Mittelpunkt des Glaubens stehen, ist alles auf Freuen angelegt. Wer diese Freude nicht kennt, der ist – so Zinzendorf – »ein hinkender Bruder«, um dessen Glaubensleben es bedenklich bestellt ist. »Wir Herrnhuter dagegen tanzen.«

Die Freude erweist sich bis zum heutigen Tag als wichtiges Kennzeichen unseres Glaubens. Das erinnert mich an meine ersten Schritte im Pfarramt. Ich war junger Vikar in Hildesheim und hatte einen Gemeindenachmittag zu leiten. Wir hatten einen indischen Pfarrer zu Gast, der aus seiner Gemeindearbeit berichtete und seinen Vortrag mit zahlreichen Dias unterstrich. Wir waren stark beeindruckt. Zum Schluss zeigte ein Bild die Einwohnerschaft eines kleinen Dorfes. Der Pfarrer fragte uns: »Wer auf dem Bild sind wohl die Christen?« Da fing unter uns das große Raten an. Woran erkennt man Christen? An der Bekleidung, an einem Umhängekreuz oder an einem anderen christlichen Symbol? Wir rätselten, fanden aber nichts heraus. Da klärte uns der indische Pfarrer auf: »Die Personen, die auf dem Bild lachen und lächeln, das sind die Christen. Das ist für sie typisch.« Tatsächlich: Die meisten aus dem Ort blickten eher ernst, ja geradezu finster drein. Dazwischen waren ein paar Leute zu sehen, die sich freuten. Das also waren die Christen. Ihr Zeichen: das Lachen, die Freude. Das hob sich im indischen Dorf vom Gesichtsausdruck derer ab, die nicht zur Gemeinde gehörten. Offenkundig hatten diese Menschen weniger Gründe zum Freuen als ihre christlichen Mitbürger.

Nun werden wir diese Erfahrung nur begrenzt auf europäische Verhältnisse übertragen können. Nicht jeden, der uns auf einer Fußgängerzone mit freudigem Gesichtsausdruck entgegenkommt, werden wir als Christen begrüßen können. Aber es sollte selbstverständlich sein, dass die, die von einer frohen Botschaft leben, durch sie fröhlich werden, und zwar nicht nur innerlich und verdeckt, sondern so, dass es im Umgang mit anderen Menschen zu spüren ist. Hier lebt jemand in der

Freude des Glaubens. Sie macht von innen heraus fröhlich und passt nicht zu ständigem tierischem Ernst.

Auf ähnliche Weise haben es auch junge Chinesen erlebt, die als Studenten nach Marburg kamen. Sie begegneten Christen, und es entstanden vielfältige Kontakte. Die Christen interessierten sich für das Studium der jungen Leute und halfen ihnen nach Kräften, sich in Deutschland zurechtzufinden. Dabei kamen auch Fragen des Glaubens zur Sprache. Nach dem Zusammenbruch des Kommunismus hatten die jungen Freunde aus China jeden Glauben an etwas »Höheres« verloren. Die Christen besorgten Bibeln für die interessierten Chinesen, und gemeinsam besprachen sie zentrale Aussagen des christlichen Glaubens. Danach schrieb eine chinesische Frau: »Haben Sie herzlichen Dank, dass Sie uns die Sache mit der Liebe Gottes so schön erklärt haben. Mein Mann hat vor Freude die ganze Nacht nicht geschlafen.«
Hier kamen Menschen, die keinerlei religiöse Sozialisation erlebt haben, mit dem christlichen Glauben in Berührung und wurden davon überwältigt. Sie erlebten bei unserem Gott und Heiland eine Freude, die eine lange Nacht vor Glück schlaflos werden ließ.

Christliche Lieder und der »Ton der Freude«

Welche hohe Bedeutung die Freude hat, klingt uns vor allem aus den Gesangbüchern der Christenheit entgegen. Zu Weihnachten jubelt Christian Keimann (1607–1662) mitten im Elend des Dreißigjährigen Krieges:

Freude, Freude über Freude: Christus wehret allem Leide.

Ausgerechnet dieses Lied war das Lieblingslied des Pfarrers, der mich im Jahre 1943 in Zwickau getauft hat. Dieser Pfarrer hatte im Krieg alle vier Söhne verloren. Und er selber war schwer vom Krieg gezeichnet und gesundheitlich eingeschränkt. Dass er dennoch von der Freude des Glaubens getragen wurde, hat mir als Kind mächtig imponiert, obwohl ich damals von den biblischen und geschichtlichen Zusammenhängen wenig verstand.

Viele Liederdichter des 17. und 18. Jahrhunderts bringen in den Liedern ihre Freude an Gott zum Ausdruck, allen voran Paul Gerhardt:

Die ihr schwebt in großem Leide, sehet, hier ist die Tür zu der wahren Freude.

PAUL GERHARDT

Wohlauf, mein Herze, sing und spring und habe guten Mut! Dein Gott, der Ursprung aller Ding, ist selbst und bleibt dein Gut.

PAUL GERHARDT

Jesus ist kommen, Grund ewiger Freude.

JOHANN LUDWIG KONRAD ALLENDORF
(1693–1773)

Christliche Lieder sind durchgängig auf den Ton der Freude gestimmt. Selbst trübe Zeiten, auch Leiden und Sterben schmälern die Freude nicht. Vielmehr erweist sich gerade dann ihre tragende geistliche Kraft.

Weicht, ihr Trauergeister, denn mein Freudenmeister, Jesus, tritt herein.

JOHANN FRANCK (1618–1677)

Diese alten Lieder der Freude werden bis zum heutigen Tag gern gesungen. Weil sich die Linie der Freude weiter durch die Geschichte der Christenheit zieht, verstummen diese Töne nicht, sondern suchen sich seitdem nur neue Texte und Melodien. Mitten im Zweiten Weltkrieg ermuntert Kurt Müller-Osten (1905–1980): »In dem Herren freuet euch, freut euch allewege.« Werner Arthur Hoffmann (*1953) nimmt das Wort des Apostels Paulus aus Philipper 4,4 auf, wenn er singt: »Freuet euch, allezeit, freut euch in dem Herrn.« Diethelm Strauch regt die Gemeinde an: »Seid fröhlich, ihr Christen, hört auf, immerfort zu klagen! Wenn ihr keinen Grund zur Freude habt, wer hat ihn dann?« In der Kommunität Gnadenthal wurde der Bibelvers aus Nehemia 8,10 leicht singbar vertont: »Seid nicht bekümmert, denn die Freude am Herrn ist eure Stärke.«

Daneben stehen ungezählte Lob- und Danklieder neueren Datums, die den Ton der Freude unterstreichen und die die christliche Gemeinde zu einer Gemeinschaft der Freude machen. Durch zwei Jahrtausende und über die Konfessionen hinweg reißt der Jubel über Gott nicht ab. Die Freude sucht und findet Texte und Melodien, die zum Klingen bringen, was Gott in Jesus Christus an uns getan hat und bis zum heutigen Tag tut. Das macht fröhlich. »Feiern und Loben« (Gerhard Schnitter) sind Lebenselemente der christlichen Gemeinde, die jeden einlädt: »Komm doch zum Fest der Freude« (Michael Wittig). Immer und überall bewahrheitet sich, was Martin Luther feststellt: »Ein Christ ist ein fröhlicher Mensch, der ohne Unterlass muss singen und springen.« Christen singen das Lied der Freude. Und das aus gutem Grund.

Der Glaube lebt und liebt und triumphiert

In dir ist Freude, in allem Leide,
o du süßer Jesu Christ!
Durch dich wir haben himmlische Gaben,
du der wahre Heiland bist;
hilfest von Schanden, rettest von Banden.
Wer dir vertrauet, hat wohl gebauet,
wird ewig leben. Halleluja.
Zu deiner Güte steht unser G'müte,
an dir wir kleben im Tod und Leben;
nichts kann uns scheiden. Halleluja.

Wenn wir dich haben, kann uns nicht schaden
Teufel, Welt, Sünd oder Tod;
du hast's in Händen, kannst alles wenden,
wie nur heißen mag die Not.
Drum wir dich ehren, dein Lob vermehren
mit hellem Schalle, freuen uns alle
zu dieser Stunde. Halleluja.
Wir jubilieren und triumphieren,
lieben und loben dein Macht dort droben
mit Herz und Munde. Halleluja.

CYRIAKUS SCHNEEGASS (1546–1597)

Bei Jesus kommen Gegensätze unter einen Hut. »Freude in allem Leide« – wie soll das zugehen? »Entweder – oder«, sagt simple Logik. Doch unser Lied hält dagegen: »In dir ... o du süßer Jesu Christ.« Nur bei Jesus fügt sich geheimnisvoll zusammen, was nach aller Erfahrung unmöglich scheint: Freude und Leid, Liebe und Schmerz, Trost und Trauer, Sterben und Leben. Wo wir »in Jesus« sind und uns von ihm bestimmen lassen, verliert das Negative die Oberhand. Es kann unser Inneres nicht mehr überfluten. Denn stets ist Jesus dabei, »der wahre Heiland«. Er verbindet unser Leben mit Gott. Das gibt uns selbst in schmerzlichen Augenblicken einen Funken Zuversicht und Freude. Es kann trübe um uns werden. Dennoch gehen uns die Lichter niemals aus.

Hier und heute dürfen wir uns bereits an »himmlischen Gaben« freuen. Diese warten nicht erst in Gottes Ewigkeit auf uns, sondern wir bekommen bereits jetzt einen Vorgeschmack darauf: Vergebung unserer Schuld, Liebe auch in schwierigen Verhältnissen, Hoffnung über den Tod hinaus. Das kann nur aus dem Himmel zu uns kommen. Deshalb die Freude bereits jetzt, mitten im alltäglichen Leben. Selbst der Tod kann sie nicht auslöschen.

Diese freudige Botschaft wird durch eine beschwingte Melodie und einen lebhaften 6/4-Takt unterstrichen. Die Melodie entstammt einem italienischen Tanzlied des 16. Jahrhunderts. Giovanni Gastoldi hat sie komponiert. In Venedig liegt Frühling in der Luft. Verliebte blicken sich selig an. Lauten erklingen: »A lieta vita / amor ci invita«, »Zum fröhlichen Leben lädt Amor uns ein.« Der Gott der Liebe, meist dargestellt als lüsterner Knabe, weiß geschickt mit Pfeil und Bogen umzugehen. Seine Pfeile treffen die Opfer mitten ins Herz. Damit erweckt er in ihnen die Liebe.

Die Melodie wird in Deutschland mit einem Text unterlegt, dessen Herkunft im Dunkeln liegt. Unsere Gesangbücher schreiben ihn Cyriakus Schneegaß (1546–1597) zu, einem Pfarrer, der in Tambach und Friedrichsroda (Thüringen) gelebt hat. Der Gothaer Kantor Johann Lindemann gibt im Jahr 1598 eine Sammlung geistlicher Gesänge heraus, unter denen sich »In dir ist Freude« findet. Nach wenigen Jahrzehnten erscheint das Lied erstmals in Gesangbüchern. Bald erreicht es eine beachtliche Popularität, die es bis zum heutigen Tag behalten hat. Es wird gern gesungen.

Für damalige Tanzlieder waren die Wiederholungen kurzer Melodieteile typisch, wie wir sie in »In dir ist Freude« vorfinden. Ebenso die Wiederholung der zweiten Vershälfte, die wir sonst in Gesangbuchliedern nicht antreffen. »Mit geringen musikalischen Mitteln wird ein Maximum an Effekt erzielt« (Andreas Marti).

Passt die Melodie eines lockeren Liebesliedchens zu einem Jesus-Lied? Wird dabei nicht unser Glaube verharmlost und verniedlicht? Keineswegs. Denn Glauben und Lieben gehören eng zusammen. Wer glaubt, weiß sich von Gottes Liebe angerührt. Doch Gott hält es nicht wie Amor, der seine Opfer nach Lust und Laune auswählt. Gott zielt mit seiner Liebe auf jeden Menschen. So lesen wir es an Jesus Christus ab. Seine Liebe kennt keine Ausnahmen. Wer glaubt, antwortet auf diese große Liebe mit seiner kleinen Liebe. Er liebt zurück: »o du süßer Jesu Christ«. Was für ein Glück: Unser Glaube besteht weder aus einem hohen Gedankengebäude noch aus einem anspruchsvollen moralischen Programm, das nur wenige erfassen könnten. Er ist vielmehr ein Verhältnis der Liebe, hinüber und herüber. Ganz einfach. Begreifbar selbst für ein kleines Kind. Deshalb eignet sich die Melodie eines Liebesliedes vorzüglich, um das zu transportieren, was dem Glauben auf dem Herzen liegt. Die schwungvolle Melodie verleiht dem Text Flügel. Sie lässt die Liebesfreude spüren, die beide Strophen durchzieht.

Was der Glaube besingt, bewährt sich in allen Lebenslagen. »Hilfest von Schanden, rettest von Banden.« So kann nur jemand singen, der gute Erfahrungen mit Jesus Christus gemacht hat. Wer weiß, in welch misslicher Lage sich der Verfasser befunden hat! Vielleicht wurde er verleumdet und angeklagt. »Schande« wurde über ihn gebracht. Er kann sich kaum dagegen wehren. Krankheitsnöte mögen ihm zugesetzt haben, waren doch die Menschen damals allen möglichen Bakterien und Viren hilflos ausgeliefert. Seuchen grassierten. Viele Kinder starben im Säuglingsalter. Die »Bande« von Krankheit und Tod waren unerbittlich. Doch in allem erlebt der Dichter, wie Jesus ihn hindurchgetragen hat: »Du hast's in Händen, kannst alles wenden, wie nur heißen mag die Not.« Er darf leben, allem zum Trotz, was ihm bisher widerfahren ist.

Daraus erwächst Zuversicht für das, was vor ihm liegt: »Wer dir vertrauet, hat wohl gebauet, wird ewig bleiben. Halleluja.« Ruhig und gelassen schaut der Sänger nach vorn. Sein »Gemüt« fühlt sich in der »Güte« des Heilandes Jesus Christus bestens und dauerhaft aufgehoben. Enger kann kein Verhältnis sein: »An dir wir kleben im Tod und Leben.« Wie Pech und Schwefel weiß sich der Glaubende seinem Herrn verbunden. Die Liebesgeschichte zwischen ihm und uns kann niemand auflösen: »Nichts kann uns scheiden. Halleluja.«

»Teufel, Welt, Sünd oder Tod« sind zwar unvermindert lebendig, und sie umlagern uns täglich. Aber Jesus Christus hat am Kreuz ihre Macht gebrochen. Sie haben ihr Spiel verloren. Jesus verspricht uns kein Leben ohne Leid, Schuld und Tod. Aber er hält uns in allen Augenblicken die Treue, selbst dann, wenn wir unsere Augen für immer schließen. Deshalb erklingt das Lob in allen Variationen: »Drum wir dich ehren, dein Lob vermehren mit hellem Schalle, freuen uns alle zu dieser Stunde. Halleluja. Wir jubilieren und triumphieren, lieben und loben dein Macht dort droben mit Herz und Munde. Halleluja.« Dieser jubelnde Ton will uns anstecken. Freude ohne Grenzen ist angesagt. Wohl dem, der mitliebt, mitglaubt und mitsingt!

Zur Freude bestimmt

*Was wollt ich nehmen für die Freude,
daß mir mein HERR und GOTT
alle Engel hat zu Freunden gemacht,
ja, Himmel und Erde,
ja, meinen lieben GOTT und Vater im Himmel?
Da sollten wir springen und fröhlich sein
und sollt unser Leben nichts anderes denn ein
HALLELUJA
sein, was es denn auch ist.*

MARTIN LUTHER

Notker Wolf, Abtprimas und oberster Repräsentant des weltweiten Benediktinerordens, hat sein Buch über den Glauben *Schmetterlinge im Bauch* genannt. Der Untertitel lautet *Christlicher Glaube heißt Lebensbejahung und Lebensfreude*. Damit trifft der Verfasser ins Schwarze. Denn christlicher Glaube ist eine erfreuliche Angelegenheit. Er tut rundum gut und macht jedes Leben lebenswert.

So erleben es auch immer wieder Christen, die wegen ihres Glaubens verfolgt und bedrängt werden. Gegenwärtig sind es ca. 100 Millionen in kommunistischen und islamischen Ländern, die davon betroffen sind. Diese Christen würden nicht an Jesus festhalten und in den Gemeinden zusammenstehen, wenn ihnen der Glaube an Jesus Christus nicht Erfüllung und Glück brächte. Das wiegt die Ängste auf und überstrahlt alles, was ihr Leben und ihren Glauben beschwert.

Sicherlich kennen Christen auch beschwerliche Situationen und eigenes Versagen. Schließlich hat die christliche Botschaft auch ihre ernste Seite und ist nicht »weltfremd« oder von der Welt abgewandt. Es geht in der Begegnung mit Gott um alles oder nichts – es geht darum, ob wir zulassen, dass Jesus uns rettet, oder ob wir sein Angebot, die Ewigkeit mit ihm zu verbringen, ausschlagen. Jesus spricht

von der »Buße« (Markus 1,15), der inneren und äußeren Umkehr, die notwendig ist, um am Reich Gottes teilzuhaben. Er rät uns dringend, die Kosten zu überschlagen, bevor wir uns überstürzt ins Abenteuer der Nachfolge begeben (vgl. Lukas 9,57–62). Der Weg mit ihm ist kein Zuckerschlecken, sondern kann Benachteiligungen, ja Verfolgungen einschließen. Doch der Ernst wird überstrahlt von der Einladung zur Freude, wie sie in zahlreichen Gleichnissen ihren Ausdruck findet. Nicht die angedrohte Strafe löst die Umkehr zu Gott aus, sondern das Erleben von Gottes Freundlichkeit, die einen Menschen regelrecht überwältigt: »Weißt du nicht, dass dich Gottes Güte zur Buße leitet?« (Römer 2,4).
Zu dieser Freude sind wir bestimmt. Dazu werden wir eingeladen:

~

Versäume keinen fröhlichen Tag, und lass dir die Freuden nicht entgehen, die dir beschieden sind.

SIRACH 14,14

»Du solltest aber fröhlich und guten Mutes sein« (Lukas 15,32) bekommt einer zu hören, der sich dieser Freude noch verschließt.

Wir müssen dem christlichen Glauben keine erfreulichen Elemente hinzufügen, denn die Freude quillt aus ihm heraus. Freude muss nicht aufgepfropft werden, sondern sie ergibt sich – wie die Frucht aus einer Pflanze. Deshalb zählt für Paulus die Freude ebenso zur »Frucht des Geistes« wie die Liebe, die Freundlichkeit, die Güte, die Treue und die Geduld (vgl. Galater 5,22). Die Freude hat denselben Stellenwert wie die anderen Tugenden.

Wo wir zur Freude des Glaubens gefunden haben, weitet sich unser Blick für die Wunder Gottes.

Freude an der Schöpfung

»Die Erde ist des Herrn und was darinnen ist«, weiß der Psalmsänger (Psalm 24,1). Das löst Freude aus. Bewunderung und Freude über Gottes Schöpfung drücken sich in dem staunenden Psalmwort aus: »Herr, unser Herrscher, wie herrlich ist dein Name in allen Landen« (Psalm 8,2). Der Sänger freut sich an allem, was Gott geschaffen hat. Später nimmt Paul Gerhardt diese Töne auf und besingt »der schönen Gärten Zier«, mit denen Gott unsere Welt vielgestaltig ausgeschmückt hat. Obwohl der Liederdichter von der »armen Erde« weiß, auf der auch Elend und Nöte zu Hause sind, lässt er sich die Freude am Schönen nicht verderben. Der Kirchenvater Augustinus (354–430) unterstreicht, wie nötig das für uns ist:

*Die Seele ernährt sich von dem,
worüber sie sich freut.*

Weil Gott es gut mit uns meint, kann der Prediger Salomo uns auffordern: »Geh hin und iss dein Brot mit Freuden« (Prediger 9,7). Gott gönnt es uns.
Doch Gottes Schöpfung ist keine heile Welt. Was wir in der Natur erleben, befindet sich im Zwielicht von Hell und Dunkel, Gut und Böse. Die Sünde des Menschen, sein Weglaufen von Gott, hat auch in der Natur tiefe Spuren hinterlassen. Eigensucht, Gier und Verantwortungslosigkeit machen sich in ihr breit. Deshalb wird die Freude an der Schöpfung durch die Freude an der Erlösung überboten.

Freude an der Erlösung

Jesus ist kommen, Grund ewiger Freude ...
Jesus, der starke Erlöser.

JOHANN LUDWIG KONRAD ALLENDORF

~

An Weihnachten feiern wir, dass Gottes Liebe zu uns Fleisch und Blut geworden und unser Erlöser geboren worden ist. Diese Liebe gibt sich einen Namen und eine Gestalt: Jesus Christus. Wer auf ihn sieht, erlebt Gott in Reinkultur: »Wer mich sieht, der sieht den Vater« (Johannes 14,9). Wo Jesus geht und steht, bringt er Menschen mit Gott zusammen. Gestrauchelte fassen wieder neuen Mut. Schuldigen wird ihre Sünde vergeben. Verachtete erleben sich als Geliebte. Jesus, der Heiland, bringt Heil und Leben. Als er am Karfreitag sein Leben am Kreuz aushaucht, bringt Gott es fertig, aus der Katastrophe der Hinrichtung einen Akt der Versöhnung werden zu lassen. Er »versöhnte die Welt mit sich selber« (2. Korinther 5,19). Seitdem steht das Kreuz von Jesus im Mittelpunkt christlicher Verkündigung (vgl. 1. Korinther 1,18.23). Wer sich Jesus überlässt, erlebt »Frieden mit Gott« (Römer 5,1).

Es wurde Martin Luthers Schlüsselerlebnis, bei Jesus zu lernen: »Gott ist nicht mein Feind, sondern mein Freund.« Wie befreiend ist es, wenn wir entdecken: Ich bin von Gott geliebt. Er hat mich ins Herz geschlossen. Ich muss nichts leisten, um bei Gott gut im Rennen zu sein. Ich gehöre dank Jesus zu ihm und er zu mir. Ich darf glauben.
Leider verstehen viele Christen ihre Frömmigkeit als ein Bündel von Pflichten: Nur wenn *ich* gut bin, dann ist Gott gut zu mir. Die Folge solchen Denkens liegt auf der Hand: Der fromme Mensch läuft ständig mit einem schlechten Gewissen umher. Denn wer ist schon immer gut? Wer macht schon alles richtig? Diese Haltung drückt der Freude die Luft ab.
Doch in der Mitte unseres Glaubens stehen glücklicherweise nicht fromme Mühen und eine Fülle von Anforderungen, sondern ein Geschenk, das Jesus heißt; er ist der Heiland für jeden. Da kommt Freude auf. Sie lebt von dem, was Jesus für uns getan hat und täglich tut. Wer sich an den »Erlöser« hält, hat täglich Gründe zum Danken und Freuen.

Freude an Gottes Nähe

Wir können uns darüber freuen, wie nahe Gott uns ist und wie liebevoll er sich um uns kümmert. »Mein Herz ist fröhlich in dem Herrn«, singt Hanna, als ihr nach bangem Warten und Beten ein Kind geboren wird (1. Samuel 2,1). Ein Psalmsänger gebraucht ein anderes Bild, um auszusagen, wie geborgen er sich bei Gott fühlt:

Unter dem Schatten deiner Flügel frohlocke ich.

PSALM 63,8

Die Nähe Gottes macht glaubende Menschen glücklich. Wir dürfen beten und vor Gott ausbreiten, was uns auf den Nägeln brennt. Ein glaubender Mensch ist niemals allein.
Zwar geht es manchmal im Alltag hoch her. Sorgen kesseln uns ein. Ängste überfallen uns. Wir müssen Entscheidungen treffen, deren Tragweite wir nicht absehen. Doch mitten in allem erleben

wir unseren Gott als den, der uns wohl Lasten auflegt, aber uns mit unseren Lasten trägt (vgl. Psalm 68,20). Der Psalmsänger bekennt: »Mein Herz freut sich, dass du so gerne hilfst« (Psalm 13,6). In keiner Lage sind wir uns selber überlassen. Aus Gottes Hand kann uns nichts und niemand reißen. Der Herr des Himmels und der Erde hat unser kleines Leben im Blick. Bei ihm sind wir bestens aufgehoben. Obwohl wir uns keineswegs immer mustergültig verhalten, lässt sich Gott in seiner Liebe zu uns nicht beirren. Wenn das kein Grund zum Freuen ist!

Die Nähe Gottes können wir ganz praktisch erleben, indem wir in der Bibel lesen und uns in der Gemeinde dem Wort Gottes aussetzen. Der längste Psalm der Bibel rühmt überschwänglich die Freude, die es macht, auf dieses Wort zu hören und sich hiervon leiten zu lassen: »Ich freue mich über dein Wort wie einer, der große Beute macht« (Psalm 119,162).

Weil Gott für uns da ist, kann »die Stadt Gottes fein lustig bleiben mit ihren Brünnlein«, denn »Gott ist bei ihr drinnen, darum wird sie fest bleiben; Gott hilft ihr früh am Morgen« (Psalm 46,5–6). Das weckt Zuversicht. Deshalb hört die Freude niemals auf.

Freude am Engagement für andere

Es bereitet auch Freude, sich in der Gemeinde und darüber hinaus für Gott und seine Menschen einzusetzen. Hier werden die Gaben abgerufen, mit denen Gott uns ausgestattet hat. Indem wir sie anwenden, tun wir nicht nur anderen, sondern zugleich auch uns den besten Dienst. Wir finden zu uns selbst. Wir machen Freude und ernten Freude. Am Ende staunen wir mit dem Apostel Paulus: »Durch Gottes Gnade bin ich, was ich bin. Und seine Gnade an mir ist nicht vergeblich gewesen« (1. Korinther 15,10).

Als Jesus seine Jünger aussendet, um zu predigen und zu heilen, kommen sie »voll Freude« zurück (Lukas 10,17). Auf Jesus zu hören und sich für ihn einzusetzen, erfüllt das Leben und macht es reich und glücklich. Wer sich dagegen passiv verhält und das Engagement scheut, wird diese Freude nicht erleben. Er bleibt außerdem hinter den Möglichkeiten zurück, die Gott in sein Leben hineingegeben hat.

Um für die verarmte Gemeinde in Jerusalem eine Kollekte einzusammeln, wendet sich Paulus auch an die Christen in Korinth. Dort ist finanziell wenig zu holen, weil viele Gemeindeglieder zu den Sklaven gehören. Andere haben ebenfalls wenig Vermögen. Dennoch werden die Christen gebeten, regelmäßig eine Kollekte für die Ur-Gemeinde in Jerusalem zusammenzulegen, von der das Evangelium ausgegangen ist: »nicht mit Unwillen oder aus Zwang; denn einen fröhlichen Geber hat Gott lieb« (2. Korinther 9,7). Zum Engagement des Glaubens gehört also auch der Einsatz finanzieller Mittel. Ob jemand viel oder wenig Vermögen sein Eigen nennt und deshalb viel oder wenig spenden kann: Die Hauptsache ist, dass das Geben »fröhlich« vonstattengeht. Denn was wir geben, haben wir vorher von Gott empfangen. Unser Spenden sollte deshalb nicht von Seufzen begleitet sein, sondern von der Freude am schenkenden Gott. Was wir unser Eigen nennen, verdanken wir ihm.

Freude an der Zukunft

Wer zu Jesus gehört, freut sich nicht nur heute über vergebene Schuld und an Gottes Nähe in allen denkbaren Lebenslagen. Er hat allen Grund, gelassen und fröhlich nach vorn zu schauen, denn er weiß von einem endgültigen Zuhause bei Gott. Hoffnung und Freude liegen deshalb nahe beieinander. Der Apostel Paulus wünscht den Christen in Rom: »Der Gott der Hoffnung erfülle euch mit aller Freude und Frieden im Glauben, dass ihr immer reicher werdet in der Hoffnung durch die Kraft des Heiligen Geistes« (Römer 15,13). Hier besteht ein Zirkelverhältnis: Freude macht erwartungsvoll. Zugleich facht das Erwartete neue Freude an.

Diese Freude kennt keine Auszeit. »Freut euch, dass eure Namen im Himmel geschrieben sind«, ermuntert Jesus seine Jünger (Lukas 10,20). Im Himmel sind unsere Namen bereits jetzt unverwischbar festgehalten. Auf dieses Ziel gehen wir zu. Das löst bereits heute Freude aus.

Diese Hoffnung und Freude haben auch Paul Gerhardts Leben trotz aller schwierigen Umstände bestimmt. Mitten im grausigen Dreißigjährigen

Krieg und in den elenden Jahren danach stimmt er Lieder an, die von freudiger Hoffnung durchzogen sind und die bis heute in der weltweiten Christenheit gesungen werden:

Kann uns doch kein Tod nicht töten, sondern reißt unsern Geist aus viel tausend Nöten.

PAUL GERHARDT

Das Leben mit Jesus beginnt hier und heute. Selbst der Tod kann es nicht beenden. Von allem und von allen müssen wir uns einmal in der Sterbestunde verabschieden – aber nicht von Jesus.

Jesus lebt, mit ihm auch ich.

CHRISTIAN FÜRCHTEGOTT GELLERT
(1715–1769)

Als Christen gehen wir auf das endgültige Leben zu. Wir werden selbstverständlich einmal sterben, aber wir sind keinen Augenblick tot. Wir werden erwartet. Und die Herrlichkeit bei Gott wird grandioser, als wir es uns ausmalen können. Gott wird seine Leute mächtig überraschen. »Was kein Auge gesehen hat und kein Ohr gehört hat und in keines Menschen Herz gekommen ist, was Gott bereitet hat denen, die ihn lieben« (1. Korinther 2,9).

Deshalb sind christliche Beerdigungslieder, allem Leid zum Trotz, auf den Ton der Hoffnung und der Freude gestimmt, weil die Gewissheit des Glaubens über Sarg und Grab hinausreicht:

Nach allen Leiden, nach aller Not folgen ewge Freuden. Gelobt sei Gott!

CARL FRIEDRICH BROCKHAUS (1822–1899)

Im Himmel wartet Freude ohne Ende. Und die Vorfreude erweist sich bekanntlich als die schönste Freude.

Die Freude nährt den Humor

Schenke mir eine Seele, der die Langeweile fremd ist, die kein Murren kennt und kein Seufzen und Klagen, und lasse nicht zu, dass ich mir allzu viel Sorgen mache um dieses sich breit machende Etwas, das sich »ich« nennt. Herr, schenke mir Sinn für Humor: Gib mir die Gnade, einen Scherz zu verstehen, damit ich ein wenig Glück kenne im Leben und anderen davon weiterschenken darf.

THOMAS MORUS

Gott will uns zu fröhlichen und getrosten Menschen machen. Die Freude, die vom Himmel kommt, wirkt auf uns ein. Sie lagert sich ab, wirkt sich auf allen Lebensfeldern praktisch aus und drückt unserem Leben einen Stempel auf. Das schlägt sich nicht nur in unserer persönlichen Frömmigkeit nieder, sondern auch in der Atmosphäre unserer Gottesdienste und in der Tonart unserer Verkündigung.

Wenn die Freude als Geschenk vom Himmel in unser Leben hineinkommt, trifft sie dabei auf unsere individuelle Persönlichkeit. Sie bewirkt und fördert den Humor, eine fröhliche Gemütsverfassung. Die Brockhaus Enzyklopädie versteht unter Humor eine »heitere Gelassenheit gegenüber den Unzulänglichkeiten von Welt und Menschen und den Schwierigkeiten des Alltags«.

Jeder Mensch hat seine eigene »Humorbiografie«, die individuell ausgeprägt ist. Viele Faktoren haben zu unserer Humorbiografie beigetragen: der Erziehungsstil, Erfahrungen von Geborgenheit und Ängsten in der Kindheit, spätere Erlebnisse und Begegnungen. Wer unter harten und freudlosen Umständen aufwächst, hat es im späteren Leben schwer, humorvoll zu reagieren. Sicherlich mögen auch unsere Gene zur Humorbiografie beitragen. Aber dass es vor allem eine innere Freude ist, die den Humor nährt, bleibt unbestritten.

Das Wort »umor« bzw. »humor« treffen wir bereits in der lateinischen Übersetzung des Neuen Testaments an. Im Gleichnis vom vierfachen Ackerfeld (Lukas 8,4–8) legt Jesus dar, wie das göttliche Wort auf unterschiedliche Felder bzw. Lebenssituationen stoßen kann. Auf eines der Ackerfelder wird zwar der Same ausgestreut, aber er hat keinen »umor«, das heißt keine »Feuchtigkeit«, die ihn dazu anregt, sich zu entfalten. Der fehlende »umor« lässt das Saatkorn vertrocknen.

Die heutige Bedeutung von »Humor« geht auf den altgriechischen Mediziner Hippokrates (ca. 460–370 v. Chr.) und die mittelalterliche Medizin zurück. Demzufolge beruhen die Temperamente der Menschen auf Körpersäften (lat. *humor/umor*), die im Körper unterschiedlich gemischt sind. Je nach Mischungsverhältnis fallen die Temperamente und Stimmungslagen der einzelnen Personen aus.

In weiterem Sinne begegnet uns das Wortfeld des »Humors« heute auch im »Humus«, dem feuchten Gartenboden, der eine optimale Grundlage für das Wachsen von Pflanzen bildet. Das erinnert an den »Baum, gepflanzt an den Wasserbächen«, der »seine Frucht bringt zu seiner Zeit« (Psalm 1,3). Mit ihm wird ein Mensch verglichen, der auf den Wegen Gottes wandelt.

Humor gedeiht dort besonders gut, wo Menschen im »Humus« Gottes eingewurzelt sind. Wer an Jesus Christus glaubt, weiß sich von Gott gehalten und getragen. Gott sorgt dafür, dass der »Lebenssaft« nicht ausgeht. Deshalb hat der Glaubende täglich Gründe zum Freuen und Danken.

Auf diesem Boden gedeiht die Lebenshaltung des Humors besonders gut. Ständig gibt es Anlässe zu humor-vollen Reaktionen, zum Freuen und Schmunzeln, zum Erzählen fröhlicher Begebenheiten. Humor macht uns locker und spontan. Da liegt das Lachen und Scherzen in der Luft.

Humor und Menschentypen

Die Botschaft von Jesus trifft auf unterschiedliche Menschentypen. Jeder Einzelne ist geprägt von seinen Genen, von seiner Erziehung, von bisherigen Lebensumständen und von Erfahrungen. Da gibt es muntere Frohnaturen, aber auch eher Verschlossene. Da gibt es welche, die zur Melancholie neigen, und daneben solche, die in ihren Gefühlen hin und her gerissen sind. Manche haben schwere Schicksale hinter sich, oft schon in früher Kindheit. Das Erlebte hat sich tief in die Seele eingegraben und macht Freuen und Lachen schwer.

Hinzu kommen landsmannschaftliche Prägungen: Rheinländer sind meist lebenslustig gestimmt und lachen gern. Die Westfalen dagegen, so meinen die Rheinländer, gehen zum Lachen eher in den Keller. In manchen Gegenden, so ein Kalauer, soll es bei Beerdigungen fröhlicher zugehen als anderswo bei Hochzeiten. Bayern und Mecklenburger, Sachsen und Schleswig-Holsteiner – sie alle sind, was ihre seelische Großwetterlage betrifft, unterschiedlich gelagert. Bei allen ist der Humor in seinen Dosierungen verschieden ausgeprägt.

Was geschieht, wenn derart unterschiedliche Menschen das Wort Gottes hören und es aufnehmen? Wahrscheinlich geht es so zu, wie es Paulus bei der Gemeinde in Thessalonich feststellt: »Ihr habt das Wort [Gottes] aufgenommen ... mit Freuden« (1. Thessalonicher 1,6). Über alle, die sich dem göttlichen Wort öffnen, kommt die Freude des Himmels. Sie erleben Jesus als ihren Heiland, als den, »der Heil und Leben mit sich bringt« (Georg Weissel). Da lacht das Herz. Da glänzen die Augen. Da strahlen die Gesichter. So erlebt es auch der Psalmbeter:

Wenn dein Wort offenbar wird, so erfreut es.

PSALM 119,130

Mit dieser Freude, die aus dem göttlichen Wort quillt und die in unser Leben hineinkommt, wird jedoch unser persönliches Naturell nicht eingeebnet. In jedem Christen bricht sich die Glaubensfreude Bahn, aber dem Typ entsprechend: überschäumend, gerne und oft lachend oder eher zurückhaltend und bedeckt. Wie auch immer: Gott formt uns zu humorvollen Menschen.

Humor in der Bibel

Man sollte es nicht meinen: Die Bibel ist voll von Humor und den entsprechenden Anklängen. Ihr ist nichts Menschliches fremd, auch nicht die Freude und das Lachen. Manche Begebenheiten und Formulierungen zeugen von einem ausgeprägten Humor.

So wird in 1. Mose 11 davon berichtet, wie sich die Menschen einen Turm bauen, um damit Gott zu beeindrucken und ihm gleichsam auf den Leib zu rücken. »Bis an den Himmel« soll der Turm reichen. Gesagt, getan. Doch anstatt sich verwundert die Augen zu reiben und ängstlich zu zittern, weil ihm seine Menschen so dicht auf den Pelz gerückt sind, muss Gott »herunterfahren«, um sich das Bauwerk genauer anschauen zu können. Er muss sich gleichsam bücken bzw. zu einem Fernrohr greifen, so winzig ist das menschliche Machwerk aus seiner Perspektive. Peinlich für die Menschen, die sein wollten wie Gott!

Besonders im Buch der Sprüche wimmelt es von humorvollen Vergleichen und Anspielungen.

Sie locken das Schmunzeln heraus, speziell dann wenn man die Aussagen vor dem inneren Auge zu Bildern werden lässt:

Besser ein Gericht Kraut mit Liebe als ein gemästeter Ochse mit Hass.

SPRÜCHE 15,17

Das gestohlene Brot schmeckt dem Manne gut; aber am Ende hat er den Mund voller Kieselsteine.

SPRÜCHE 20,17

Eine zänkische Frau und ein triefendes Dach, wenn's sehr regnet, lassen sich miteinander vergleichen.

SPRÜCHE 27,15

*Ein Fauler wendet sich im Bett
wie die Tür in der Angel.*

SPRÜCHE 26,14

Zahlreiche Bibelverse setzen auf außergewöhnliche Vergleiche und den damit verbundenen Überraschungseffekt. Das blitzt auch bei Jesus auf. Seine kuriosen Wortspiele lassen nicht nur schmunzeln, sondern machen auch nachdenklich:

*Aber viele, die die Ersten sind, werden die
Letzten und die Letzen werden die Ersten sein.*

MATTHÄUS 19,30

Lass die Toten ihre Toten begraben!

LUKAS 9,60

Sie sind blinde Blindenführer.

MATTHÄUS 15,14

Wer Ohren hat, der höre.

MATTHÄUS 11,15

Es ist leichter, dass ein Kamel durch ein Nadelöhr gehe, als dass ein Reicher in den Himmel komme.

LUKAS 18,25

Was siehst du aber den Splitter in deines Bruders Auge und den Balken in deinem Auge nimmst du nicht wahr?

LUKAS 6,41

Der Sprachwitz von Jesus zeigt sich in unerwarteten, aber lebensnahen Bildern und Vergleichen. Er zeugt von Humor. Fromme Überheblichkeit wird auf das wahre Maß zurechtgestutzt. Wer sich beispielsweise zum »Blindenführer« erhebt, muss sich von Jesus bescheinigen lassen, selber blind zu sein. Leider hat es der Betreffende noch nicht bemerkt. Viele Umstehende werden schallend gelacht haben. Denn wir lachen gerne über das, was steif und erhaben daherkommt, was sich vor uns pfauenhaft aufplustert, aber bei Licht besehen eher dürftig ausfällt. Diese Diskrepanz wirkt auf uns komisch und löst Gelächter aus.

Die außergewöhnlichen, humorigen Vergleiche von Jesus vergisst man nicht. Bilder bleiben haften und prägen sich ein. Manche haben sich bis heute zu sprichwörtlichen Redensarten ausgewachsen. Viele Menschen, die Jesus damals zugehört haben, werden nachdenklich nach Hause gegangen sein. Mancher wird das Gesagte auf sich bezogen und sich vielleicht sogar entschieden haben, nun selber auf Jesus zu hören und ihm nachzufolgen.

Humor im Alltag

Wenn wir einem Menschen mit Humor begegnen, schauen wir ihm ins Herz. Wir erleben sein Inneres. Das kann sich manchmal schlagfertig und gütig zugleich äußern. So hat es ein junger Pfarrer in Ostfriesland erlebt und mir seine Geschichte erzählt:

Der Pfarrer ging zum Geburtstag einer frommen Frau, die 80 Jahre alt wurde. Der Kaffeetisch war festlich gedeckt. In der Mitte prangte als Zierde eine prächtige Torte. Nach dem Tischgebet nahm der Pfarrer einen kräftigen Schluck Kaffee und verschluckte sich. Obendrein musste er auch noch niesen, völlig unerwartet und heftig. Dabei kam mehr aus Mund und Nase als üblich. Alles ergoss sich prustend über die schöne Torte. Oh, wie war das dem Pfarrer peinlich! Er wurde rot wie eine Tomate und schämte sich in Grund und Boden. Was sollte er nun tun? Alle Tischgäste starrten zum Geburtstagskind. Wie würde es wohl reagieren?

*Die alte Dame sagte: »Herr Pfarrer, das hätten
Sie ja gleich sagen sollen, dass Sie die Torte allein
essen wollen!«*

Diese Frau hatte einen tiefsitzenden Humor, der sich verständnisvoll, schlagfertig und witzig geäußert hat. Er entkrampfte eine höchst knifflige Situation und nahm die Angst. Das lockerte auf. Alle lachten nach dem ersten Schreck und ergötzten sich an der entspannten Atmosphäre – der Pfarrer natürlich am meisten. Hier zeigt sich: Humor macht den anderen nicht fertig oder blamiert ihn, sondern er geht sensibel und wertschätzend mit ihm um. Humor wirkt wie eine Art »soziales Schmiermittel«. Er federt Peinliches ab, verhindert Aggressionen und mindert Stress. Menschen kommen besser miteinander aus. Humor tut allen gut. Der humorvolle Mensch zeigt sich menschlich, nahbar und umgänglich.

Auch in Politik und im Wirtschaftsleben erweist sich die segensreiche Wirkung von Humor. Häufig geht es in diesen Bereichen eher bierernst zu – wie leider oft auch in den Kirchen. Lachen wird eher als Störfall betrachtet. Das schickt sich doch nicht! Gelächter könnte die Ehrfurcht töten und erhabene Personen erniedrigen. Stephan Holthaus hat es so formuliert: »Gerade in Leitungsfunktionen, wo man in der Gefahr steht, sich sehr wichtig zu nehmen, kann eine Prise Humor die richtige Selbsteinschätzung geben. Wer sich selbst leicht und somit nicht wichtig nimmt, hat schon gewonnen.«

Humor erweist sich als eine Sache des Herzens als eine Lebenshaltung, als ein durchgehender Zustand. Humor lässt sich nicht antrainieren. Keiner kann sich vornehmen: »Heute will ich einmal so richtig humorvoll sein!« Das geht nicht. Der Humor ist eine konstante Seelenhaltung und will den ganzen Menschen dauernd und überall erfassen sicherlich je nach Stimmung und Tagesform unterschiedlich ausgeprägt. Humor mag zeitweilig verdeckt oder sogar verschüttet sein, aber am Ende setzt er sich immer wieder durch. Er wird zu einem roten Faden, der ein Leben durchzieht und positiv prägt.
Spaß und Witz dagegen gibt es nur kurzeitig. Sie gleichen einem abgeschossenen Feuerwerk. Man staunt, man lacht und schlägt sich womöglich vor Vergnügen auf die Schenkel. Aber dann, eben wie beim Feuerwerk, ist's damit vorbei. Dann ist Schluss mit lustig.
Der Witz braucht obendrein eine Bühne, ein Podium, eine besondere Gelegenheit. Vor allem braucht

er Zuhörer, die sich darauf konzentrieren und die gerne lachen möchten. Ein Witz kann nicht in jeder Situation erzählt werden. Nicht überall passt er. Manchmal wirkt er deplatziert, vielleicht auch peinlich. Die Zuhörer spüren, dass er hier nicht hingehört. Ihr Lachen fällt dementsprechend spärlich aus. Mancher verzieht nur aus Höflichkeit seinen Mund.

Witze kann man außerdem nur in begrenzten Portionen vertragen. Sind es zu viele, erschöpfen sich Aufmerksamkeit und Spannkraft der Hörer. Auch Spaß kann ermüden. Humor dagegen ist weder an eine Zeitdauer noch an eine bestimmte Szene gebunden. Er benötigt auch keine besonderen Fertigkeiten, die beim Erzählen von Witzen durchaus angebracht sind. Zwar kennt jeder einige Witze, und die meisten können auch welche erzählen. Aber bei manchen fällt das kümmerlich aus: Die einen haben das Meiste ihres Witzes vergessen, was ihnen aber leider erst beim Erzählen einfällt; andere überlagern ihr Erzählen mit dem eigenen Lachen und ruinieren damit die Pointe. Witze zu erzählen kann und sollte man lernen.

Als junger Gemeindepfarrer haben sich meine Zuhörer gefreut, wenn ich Ihnen etwas Fröhliches zum Besten gab. Sie freuten sich leider am meisten an meinem eigenen Lachen. Ich brachte es kaum fertig, eine Geschichte oder einen Witz zu Ende zu erzählen, ohne dass ich das Meiste schon vorher weggelacht hätte. Die allgemeine Heiterkeit war zwar erfreulich, wurde aber am wenigsten so ausgelöst, wie ich das erhofft hatte. Da half nur üben!

Ob jemand Humor hat, zeigt sich auch darin, dass er über sich selber lachen und schmunzeln kann. Der humorvolle Mensch betrachtet sich nicht als Nabel der Welt, um den sich alles drehen muss. Er weiß um seine Fehler und Schwächen, Grenzen und Eigenheiten. Das mindert ihm jedoch nicht die Freude am Leben und an anderen Menschen. Ein besonders markanter Vertreter des Humors war Vicco von Bülow (1923–2011), besser bekannt unter dem Namen »Loriot«. Sein Humor war leise und intelligent. Loriot beobachtete fein, aber er verletzte nicht. Er legte kenntnisreich und liebevoll das Absurde mancher Alltagssituation frei, sodass man darüber unwillkürlich lächelt. Dagegen wirken viele der sogenannten Comedians und andere »Tralala-Komiker« eher banal. Ihre Anzüglichkeiten, ihr gellendes Lachen – womöglich auf Kosten anderer – wirken häufig aufgesetzt und albern. Doch Humor kann sich immer und überall sehen und hören lassen. Wie positiv er sich auswirkt, hat der Schriftsteller Wilhelm Raabe (1831–1910) einmal trefflich formuliert:

*Humor ist der Schwimmgürtel
auf dem Strom des Lebens.*

Das erweist sich besonders dann, wenn die Wellen hochschlagen, Stromschnellen irritieren und Hindernisse sich vor uns auftürmen. Humor sorgt dafür, dass uns die Widrigkeiten des Alltags nicht gefangen nehmen und lähmen. Er macht uns fähig, die Probleme gelassen und sachlich anzugehen.

Es gibt jedoch zwei Formen von Humor, die weniger erquickend sind:
Schwarzer Humor freut sich darüber, die Mitmenschen mit schrecklichen und gräulichen Begebenheiten zu schockieren. Je größer das Entsetzen der Zuhörer oder Leser, desto größer die Freude beim Erzähler. Diesen Schwarzen Humor gibt es auch in einer absurden Form, die eher schmunzeln lässt. Ich sehe eine Zeichnung von Loriot vor mir:

Die Frau wird gerade von einem großen, nashornähnlichen Tier verschlungen. Sie schaut nur noch zur Hälfte aus dessen mächtigem Maul heraus. Daneben steht seelenruhig der Ehemann. Sein Kommentar: »Hoffentlich hast du nicht wieder deine spitzen Schuhe angezogen!«

Eine brenzlige, sogar lebensbedrohliche Situation für die Frau – und daneben der Gatte, der keineswegs heldenmütig versucht, seine Frau aus dem Maul des Nashorns zu retten, sondern der ausschließlich um das gesundheitliche Wohl des Tieres besorgt ist. Schließlich könnte das Nashorn durch die spitzen Schuhe der Frau innerlich verletzt werden! Was für ein schauerlicher Kontrast, der jedoch nicht entsetzlich wirkt, sondern komisch. Da kann sich kaum einer das Schmunzeln verkneifen.

Es gibt daneben auch den *Galgenhumor*, eine Heiterkeit, die sich dessen bewusst ist, dass das Schicksal unentrinnbar ist und sich nur noch mit einer Prise Humor ertragen lässt. So wird von einem Gefangenen erzählt, der an einem Montag hingerichtet wird. Auf dem Weg zur Richtstätte kommentiert er seine Lage mit den Worten: »Die Woche fängt ja gut an!« Wie sagt das Sprichwort? »Humor ist, wenn man trotzdem lacht«

Humor braucht gute Wurzeln. Diese liegen in der individuellen Biografie, die durch Prägungen in Elternhaus und Schule sowie durch vielfältige Begegnungen und Erfahrungen entstanden ist. Als besonders nährstoffreiche Wurzel erweist sich der christliche Glaube. Die ihm innewohnende Freude nährt den Humor. Diese Freude des Glaubens will immer wieder aufgefrischt werden. Das macht uns zu humorvollen Menschen. Dann finden sich genügend Gelegenheiten, guter Dinge zu sein und oft und kräftig zu lachen.

Humor fördert das Lachen

*Lachen können ist auch eine Gnade;
gemeinsam mit anderen lachen,
kann auch Nächstenliebe sein.*

ANNA DENGEL

Humor und Lachen gehören zusammen

Humor und Lachen sind Geschwister, die eng zusammengehören. Aber sie sind nicht identisch. Zwar gibt es ein Lachen ohne Humor, aber ein Humor ohne Lachen ist undenkbar. Humor legt Lachen nahe und macht es leicht. Er bildet einen optimalen Nährboden.

Das Lachen wird durch schlichte Komik ausgelöst. Manchmal kann man sich das kaum verkneifen, obwohl die Situation ernster Natur ist. So erzählte mir ein junger Vikar, wie er erstmals eine Beerdigung zu halten hatte:

Bei der Aussegnung im Trauerhaus lag der Leichnam auf dem Sofa. Und darüber hing ein Wandspruch: »Wenn's Arscherl brummt, ist das Herzerl g'sund.« Was für ein Kontrast! »Ich hatte Mühe, mein Lachen zurückzuhalten«, berichtete mir der Vikar. Auf dem Sofa der Leichnam – und darüber der sinnige Spruch! Das passte wahrlich nicht zusammen und wirkte belustigend.

Komisch wirken Situationen, Menschen und Dinge, die eigentlich nicht zusammengehören: der Tod und das »g'sunde Herzerl«, Kamel und Nadelöhr (vgl. Lukas 18,25), Perle und Sau (vgl. Matthäus 7,6), Pat und Patachon, Maus und Elefant.

Als unsere Kinder noch klein waren, gab es gelegentlich im Fernsehen »Väter der Klamotte«. Das war zu der Uhrzeit, in der heute im Vorabendprogramm Krimis gezeigt werden. Was haben wir da gemeinsam gelacht: über Dick und Doof, die versuchten, im Sommer Weihnachtsbäume zu verkaufen, oder die sich mit großem Eifer, aber höchstem Ungeschick bemühten, ein Haus zusammenzubauen, was natürlich am Ende katastrophal danebenging. Oder der kleine Charlie Chaplin, der immer wieder mit List und Tücke seinen Verfolgern ein Schnippchen geschlagen hat.

Wo Kleines und Großes, Geschicktes und Ungeschicktes aufeinanderprallen, wird Lachen ausgelöst. Das gibt Aha-Effekte, aber auch putzige Missverständnisse am laufenden Band, die das Lachen freisetzen. Zwei kurze Witze demonstrieren das auf einsichtige und urige Weise:

> *Der Patient kommt ins Krankenhaus, um sich operieren zu lassen. »Das ist meine erste*

Operation. Ich habe solche Angst«, offenbart er dem jungen Arzt. »Zum Glück geht es mir ebenso«, gibt der zurück, »es wird auch meine erste Operation sein!«

Tünnes lobt seine Frau über den grünen Klee. »Sie ist ein Engel«, schwärmt er Schäl vor. Der seufzt: »Oh, du hast es gut, meine Frau lebt noch.«

Was löst das Lachen aus? Beide Male wird zunächst eine sachliche Aussage gemacht: die Angst vor der Operation, das Lob über die eigene Frau. Doch in der darauf folgenden Reaktion des Gesprächspartners wird diese Ebene völlig unerwartet verlassen. Es geht anders weiter, als es der Hörer oder Leser des Witzes erwartet. Der junge Arzt will seinen Patienten beruhigen, erreicht aber mit seiner Reaktion natürlich genau das Gegenteil. Das wirkt komisch. Ebenso die Reaktion von Schäl. Er versteht, anders als sein Freund Tünnes, unter einem Engel lediglich ein jenseitiges Wesen, zu dem seine Frau – leider – noch nicht geworden ist. So kommt es zur Pointe. Je schärfer sie zugespitzt und je leichter sie verständlich ist, desto heftiger fällt das Lachen aus.

Nun sagt das Lachen allein noch nichts über die Motive aus, die das Lachen auslösen. Man kann Witze versprühen, aber dennoch trübe und humorlos sein. Manche der sogenannten Humoristen, Spaßmacher und Clowns sind eher melancholische Typen. Schminken sie sich nach einer Vorstellung ab oder nehmen sie die Maske vom Gesicht, ist manchen eher nach Heulen zumute. Wer lacht, kann durchaus freudlos sein. Das bloße Lachen sagt noch nichts über den Boden aus, auf dem es wächst.

Man kann das Lachen auch als Waffe benutzen. Hämisch macht sich einer über den anderen lustig und weidet sich an dessen Unglück oder Versagen. Schadenfreude tut dem weh, der verspottet und der dem Gelächter preisgegeben wird. Der Betroffene schämt sich. Er fühlt sich herabgewürdigt. Oft weckt das in ihm die Aggression gegen die, die ihn verhöhnen.

Es gibt auch ein künstliches Lachen, das aufgesetzt wirkt und armselig klingt. In manchen Fernsehserien wird das Lachen des Publikums aus dem Off eingespielt. Das erweist sich auch als nötig, denn manche Witze und Gags sind derart kümmerlich, dass der Fernsehzuschauer kaum von allein ins Gelächter ausbrechen würde. Da muss nachgeholfen werden, was dann eher peinlich wirkt. Denn wenn beim Lachen nachgeholfen werden muss, ist es um die Qualität der Pointen eher karg bestellt. Dem künstlichen Lachen fehlt der zündende Auslöser, der dann das Lachen automatisch freisetzt.

Hilfreich kann es gelegentlich sein, Menschen zum Lachen zu bringen, um sie in einer aktuellen Krise aufzumuntern. Häufig treffen wir in Krankenhäusern Clowns an, die vor allem auf Kinderstationen den kleinen, oft schwerkranken Patienten mit ihren spaßigen Vorführungen eine Freude bereiten. Mittlerweile gibt es auch Lachseminare. Dort mühen sich die Teilnehmenden nach Kräften, sich selber gezielt aufzuheitern.

Lachen ist gesund

Lachen und Lächeln haben erwiesenermaßen eine therapeutische Wirkung. »Lachen ist gesund«, weiß der Volksmund. Und er fügt hinzu: »Lachen ist die beste Medizin.« Recht hat er! Humorvolle Menschen leben gesünder. Lachen ist rein körperlich eine Wohltat: Die Lachmuskulatur wird aktiviert. Das fördert die Durchblutung und regt den Kreislauf an. Der Atem fließt freier. Verspannungen lösen sich. Im Gehirn werden Glückshormone freigesetzt. Medizinische Untersuchungen belegen: Das Risiko eines Herzinfarkts ist bei fröhlichen Leuten niedriger als bei griesgrämigen Typen. Fröhliche Menschen leben gesünder und deshalb auch länger. Viel zu lachen und zu lächeln stärkt das Immunsystem und fördert die Gesundheit. Wer fröhlich ist, bleibt länger jung.

*Freude, Mäßigkeit und Ruh' schließen dem Arzt
die Türe zu.*

FRIEDRICH VON LOGAU (1604–1655)

Darüber hinaus ist man mit fröhlichen Menschen gern zusammen. In deren Nähe blühen alle auf. Freude und Humor wirken kommunikativ und verbinden Menschen. Sie vertreiben die schlechte Laune, erheitern das Gemüt und hellen die Stimmung auf. Lachen befreit. Auch der gelegentliche Spaß hat sein Gutes. Aber er hält nur kurz an. Flaut er ab, dann lauert die Gefahr, dass das Trübe anschließend umso dunkler empfunden wird.

Als Christen haben wir die Chance, das Fundament fürs Lachen auffallend tief zu legen: von der dauerhaften Freude des Glaubens zum Humor, aus dem dann das Lachen quillt. Die Basis dafür sind nicht kurzzeitige Vergnügungen, sondern ist die Lebensverbindung mit dem lebendigen Gott.

Lachen in der Bibel

In der Bibel geht es rundum menschlich zu, und deshalb gehört auch das Lachen dazu. Es hat, ebenso im allgemeinen Leben, viele Gesichter und Hintergründe:

～

- *Sara lacht, weil Gottes Engel ihr jenseits des zeugungsfähigen Alters ein Kind ankündigen (vgl. 1. Mose 18,12).*
- *Vorher hat bereits Abraham deswegen gelacht (vgl. 1. Mose 17,17).*
- *Als endlich der Sohn geboren wird, bekennt Sara: »Gott hat mir ein Lachen zugerichtet; denn wer es hören wird, der wird über mich lachen« (1. Mose 21,6).*
- *Auch Gott hat sein Vergnügen: Er »lacht« über die, die sich anmaßen, klug zu sein wie er (vgl. Psalm 2,4).*
- *Gott »lacht« über die Gottlosen, die ihn unterschätzen und bereits abgeschrieben haben (vgl. Psalm 37,13).*

- *Ähnlich lacht die göttliche »Weisheit« über solche, die meinen, Gott nicht nötig zu haben (vgl. Sprüche 1,26).*
- *Oft ist das Lachen nur äußerlich, denn »auch beim Lachen kann das Herz trauern« (Sprüche 14,13).*

Der Prediger Salomo weiß aus eigenem Erleben »Weinen hat seine Zeit, lachen hat seine Zeit; klagen hat seine Zeit, tanzen hat seine Zeit« (Prediger 3,4). Beides gehört zum Leben. Eins darf nicht gegen das andere ausgespielt werden. Alles hat seine Stunde. Deshalb fordert der Apostel Paulus die Christen in Rom auf: »Freut euch mit den Fröhlichen und weint mit den Weinenden« (Römer 12,15).

Der schwer mit Schicksalsschlägen aller Art überschüttete Hiob müsse so lange leiden, kündigt ihm ein besorgter Freund an, bis Gott »deinen Mund voll Lachens mache und deine Lippen voll Jauchzens« (Hiob 8,21).

Lachen in der Gemeinde

Als Christen sind wir keine Einzelgänger, sondern Gott hat uns in eine Schar anderer Christen hineingestellt. Dort gehören wir hin. Dabei geht es manchmal seltsam zu. Je mehr Christen beieinander sind, desto mehr Gründe gibt es zum Schmunzeln. Missverständnisse, Ungeschicklichkeiten und Pannen sind an der Tagesordnung:

> *Im Rahmen einer Jugendfreizeit in meiner früheren Gemeinde besuchten wir ein Gefängnis. Im dortigen Gottesdienst wollten wir einige moderne Lieder singen. Da die Jugendlichen zum ersten Mal hinter Gefängnismauern waren, empfanden sie die ganze Situation als etwas unheimlich. Vor uns ging der Beamte, der mit einem mächtigen Schlüsselbund die Türen öffnete. Sobald wir einen Raum betreten hatten, ging er nach hinten und schloss säuberlich ab. So wiederholte sich das mehrmals, bis wir endlich im Gottesdienstsaal angekommen waren. Erfreulicherweise waren viele Gefangene beieinander, um mit uns Gottesdienst zu feiern.*

> *Ich hatte die Lieder ausgesucht, und bald schon stimmten wir lauthals und freudig das Lied von Manfred Siebald an: »Gott öffnet jedem die Tür« – und das im Gefängnis. Ein Missgriff! Wie peinlich! Der Gefängnispfarrer blickte säuerlich drein. Ich schämte mich in Grund und Boden. Aber der Fauxpas war nicht mehr aus der Welt zu schaffen.*

Auch die Berichterstattung über kirchliche Ereignisse kann Gelächter auslösen. So meldet die Lokalseite einer Tageszeitung:

> *»Anschließend wird Pfarrer XY die neu angelegte Toilettenanlage segnen und ihrer Bestimmung übergeben.«*

Da fragt man neugierig, wie er das wohl gemacht hat. Welche Bibelverse mag er wohl dafür verwendet haben? Welch festliche Kleidung hat er wohl angelegt? Und – das macht besonders neugierig – wie mag er wohl die Toilette ihrer Bestimmung übergeben haben? Fragen über Fragen!

Christen sind nicht nur wunderbar, sondern auch wunderlich. Im Raum der Gemeinde, in ihrer Verkündigung und in ihrem Zusammenleben werden

Freude und Lachen immer wieder aufgemischt. Ebenso gibt es in jeder Gemeinde viel Kauziges und Kurioses. Da bleibt es nicht aus, dass Christen viel und gemeinsam lachen, auch über sich selbst und über das, was sich mancherorts zuträgt:

Eine Gemeinde feiert Gottesdienst. Die Predigt zieht sich langatmig hin wie Kaugummi. Da tönt es aus der letzten Bankreihe: »Lauter!« Nach dem dritten Zwischenruf dieser Art dreht sich ein Zuhörer um und fragt: »Können Sie den Pfarrer nicht verstehen?« – »Nein.« – »Dann danken Sie Gott und verhalten Sie sich ruhig!«

In einem Ort des sächsischen Gemeinschaftsverbandes hält ein Laienbruder in der Landeskirchlichen Gemeinschaft die Predigt. Er findet kein Ende. Einige der Hörerinnen und Hörer blicken ständig zur Uhr. Aber der fromme Bruder predigt unaufhaltsam weiter. Frauen kramen in ihren Handtaschen. Aber auch davon lässt sich unser Prediger nicht beirren. Er scheint alle Zeit vergessen zu haben, sodass es bald ein wenig unruhig wird. Endlich sagt er: »Amen.« Alle atmen auf. Hinterher spricht man ihn auf die außergewöhnlich lange Predigt an. Was ist seine Begründung? »Ich hatte keine Aufhörgnade!«

In den Alpen wird ein feierlicher Berggottesdienst gehalten. Tausende Christen aus Österreich, Italien und Deutschland strömen zusammen. Hinterher sitzen die Gemeindeverantwortlichen aus diesen drei Ländern zusammen, um die Kollekte zu zählen. Das ist nicht einfach, denn der Euro ist noch nicht erfunden. Wie soll man die Kollekte gerecht verteilen? Die Überlegungen fliegen hin und her. Schließlich macht der Deutsche einen Vorschlag für das gleichmäßige Aufteilen: »Wir legen die Währungen in Häufchen aufeinander, jeweils eine Lira, ein Schilling, eine D-Mark, eine Lira, ein Schilling, eine D-Mark usw.« Das leuchtet ein, und so wird es gehalten. Es entstehen drei Berge aus Geldstücken. Zwischendurch meint der Italiener zum Österreicher: »Du kannst ja von den Deutschen halten, was du willst: Ehrlich sind sie!«

Nach dem Gottesdienst nimmt die Frau des Pfarrers ihren Mann in den Arm: »Schatz, du hast heute wieder gewaltig gepredigt. Oben auf der Empore sah ich einen Mann, der ist richtig in Tränen ausgebrochen.« – »Ja«, bestätigt der Pfarrer, »den habe ich auch gesehen. Es war mein alter Theologieprofessor!«

Eine Dame kommt zum Pfarrer und bittet ihn: »Gestern ist mein Hund gestorben. Können Sie ihn morgen beerdigen?« Der Pfarrer kann sich kaum das Lachen verkneifen: »Ich beerdige doch keinen Hund!« Darauf die Frau: »Dann muss ich eben mit meinen 500 Euro zum katholischen Pfarrer gehen.« Das macht den Pfarrer munter: »Warum haben Sie denn nicht gleich gesagt, dass der Hund evangelisch war!«

Die Gemeinde wählt einen neuen Pfarrer. Ein Kandidat nach dem anderen stellt sich mit einer Predigt vor. Schließlich ist der letzte an der Reihe. Nach dem Gottesdienst geht er mit einem der Kirchenvorsteher, einem kräftigen Bauern, durch die Feldmark spazieren. Plötzlich hüpft ihnen ein Frosch über den Weg. Unwillig tritt der Kirchenvorsteher mit seinen Stiefeln nach ihm. »Oh, das sollte man nicht tun«, wendet der Pfarrer ein, »in Frankreich werden Froschschenkel als Delikatesse gehandelt. Eine wahre Köstlichkeit!« Bald kommt ein Regenwurm des Weges gekrochen. Wieder versucht der Bauer, nach ihm zu treten. Erneut geht der Pfarrer dazwischen: »Als ich in Indien wohnte, haben wir oft frittierte Würmer gegessen. Die sind wirklich schmackhaft und

*sehr kalorienreich!« Schließlich springt ein
Grashüpfer über den Weg. Auch dieses Tier will
der Bauer treten. Aber damit kommt er beim
Pfarrer nicht gut an: »Als ich Missionar in
Afrika war, haben wir manchmal Heuschrecken
gegrillt. Es war ein Gaumenschmaus!«
Als der Kirchenvorstand zusammentritt, um
über die Kandidaten zu beraten, ist das Urteil
des Bauern eindeutig: »Wir nehmen den
letzten der Kandidaten. Der frisst unser ganzes
Ungeziefer auf!«*

Kurios kann es auch zugehen, wenn Christen mit solchen Menschen ins Gespräch kommen, die noch vor den Toren des Glaubens stehen. Da prallen manchmal Welten aufeinander:

*Eine junge Frau trifft ein Ehepaar und sie
wechseln einige Worte. Die beiden blicken
ständig zur Uhr, so eilig haben sie es. Sie
berichten von ihren vielfachen Terminen und
Geschäften. In lockerer Weise verweist die junge
Frau, eine überzeugte und fröhliche Christin,
die beiden auf die Geschichte, die Jesus von
einem Kornbauern erzählt, der emsig bedacht
war, sein Leben zu sichern und viel Vermögen
anzuhäufen. Aber am Ende musste er sterben,*

*und seine Mühen waren für die Katz.
Die Frau und das Ehepaar trennen sich und
treffen sich einige Wochen später wieder. Das
Ehepaar berichtet davon, dass sie nach dem
letzten Gespräch gleich eine Bibel gekauft
hätten. »Aber die Geschichte vom Kornbauern
haben wir noch nicht gefunden – und dabei sind
wir doch schon bei Hiob!«
(Die Geschichte ist nachzulesen bei Lukas
12,16–21).*

Wenn Konfessionen aufeinandertreffen ...

Auch die Unterschiede zwischen den einzelnen Konfessionen und Glaubensgruppen reizen immer wieder zum Lachen. Da gibt es wegen diverser Unterschiede in theologischen Fragen und gottesdienstlicher Praxis manche Missverständnisse und Kuriositäten:

> *In einer Pfingstgemeinde verabschiedet der Pastor seine Gemeindeglieder an der Kirchentür. Eine Frau sagt zu ihm: »Jetzt kann ich wieder laufen!« Das elektrisiert den Pastor, und er ruft begeistert in den Kirchenraum hinein: »Was sind wir für eine gesegnete Gemeinde! Wieder ein Wunder bei uns: Eine Frau kann wieder laufen! Halleluja!« Doch die Frau am Ausgang entgegnet kühl: »Von wegen Wunder! Sie haben zu lange gepredigt. Deshalb habe ich den Bus verpasst. Nun kann ich wieder laufen.«*

Die Tochter besucht ihre Mutter und vermeldet ihr freudestrahlend, frisch verliebt zu sein. »Aber er ist doch wohl hoffentlich katholisch?!«, fragt die Mutter besorgt nach. Die Tochter verneint das. »Das musst du auf jeden Fall ändern«, fordert die Mutter. »Nimm deinen Geliebten mal in einen Glaubenskurs mit, damit er weiß, was es mit dem Katholischsein auf sich hat. Und dann geh mit ihm zur heiligen Messe. Wenn er unsere wunderbaren Gottesdienste erlebt, die prächtigen Gewänder, die feierliche Liturgie, die wohltönende Orgelmusik, und wenn er den Duft von Weihrauch in der Nase spürt, wird ihn das sicherlich überwältigen.«

Dann fällt der Mutter noch etwas ein: »Informiere ihn über Rom, die Heilige Stadt, über den Vatikan und über unseren Papst. Wenn er die Pracht dort vor Augen hat, wird ihn das vollends überzeugen.«

Nach einigen Monaten treffen sich Mutter und Tochter wieder. »Na, hast du alles so gemacht, wie ich dir das vorgeschlagen habe, vor allem das mit dem Glaubenskurs?«, fragt die Mutter ganz aufgeregt. »Ja, gewiss«, gibt die Tochter in säuerlichem Ton zurück. »Und hast du ihn öfter in die heilige Messe mitgenommen?« Auch das bejaht die Tochter, aber ihr Blick wird noch

> *trüber. »Und das mit Rom und dem Heiligen Vater?« – »Ja, sicherlich, auch das habe ich alles erledigt«, gibt die Tochter zurück, während ihr einige Tränen über die Wangen kullern. »Und warum weinst du jetzt, wo doch alles gut ist?«, setzt die Mutter nach. »Nun will er Priester werden!«*

Zwischen den Konfessionen kommt es manchmal zu humoristischen Sticheleien, welche wohl den christlichen Glauben am trefflichsten verkörpern würde.

> *Drei Theologen sind beieinander und streiten sich, welche ihrer Konfessionen wohl den größten Wahrheitsgehalt hätte. Sie vollziehen an einem großen Sumpf den Test. Sie sind überzeugt: Wer am tiefsten einsinkt, um dessen theologische Qualität ist es am dürftigsten bestellt. Den Anfang macht der Methodist. Er betritt den Sumpf und muss erleben, dass er zügig tiefer und tiefer einsinkt. Ihm wird ängstlich zumute. Am Ende sinkt er bis zu den Schultern ein, sodass nur noch sein Kopf herausschaut. Nun ist der reformierte Theologe an der Reihe, sich in den Sumpf zu wagen. Auch er sinkt ein, aber nur bis zur Hüfte. Triumphierend blickt*

> *er hinüber zum methodistischen Bruder, der so tief gesunken ist. Als Dritter betritt nun der Lutheraner das sumpfige Gelände. Langsam fängt er an zu sinken, aber nur bis zu den Knien. Er reißt triumphierend die Arme hoch. »Das ist aber ungerecht«, klagen die beiden anderen. »Was ihr wohl habt«, gibt der Lutheraner zurück, »ich stehe doch auf den Schultern vom Papst!«*

Der außergewöhnlichste Witz, den ich in diesem religiösen Zusammenhang gehört habe, geht so:

> *Ein Baptist, ein Katholik und ein Jude streiten sich über den rechten Glauben. Jeder beharrt natürlich auf seinem Standpunkt. Deshalb wollen sie die Probe aufs Exempel machen. Welcher Glaube ist wohl der stärkste? Sie werden sich einig, das an einem wilden und kräftigen Tier zu erproben – an einem Bären. An ihm muss sich zeigen, was ein Glaube wert ist und was er vermag. Gesagt, getan. Der Katholik zieht los und kommt mit einigen Blessuren im Gesicht zurück. »Hurra«, jubelt er, »ich habe den Bären katholisch gemacht. Ich habe ihm das Bekreuzigen vorgemacht, ein bisschen dabei nachgeholfen und ihn dann*

mit Weihwasser besprengt. Zwar hat er mit seiner Tatze kräftig ausgeholt und mir einige Schrammen verpasst. Aber ich habe Erfolg gehabt.«

Nun will auch der Baptist zeigen, was sein Glaube vermag. Nach einiger Zeit kommt er zurück, übel zugerichtet. Er blutet am ganzen Körper, aber er ist fröhlich: »Wie hat sich der Bär gewehrt und nach mir geschlagen! Aber ich habe es trotzdem geschafft, ihn unters Wasser zu drücken und ihn zu taufen. Hurra!«

Als Dritter schickt sich der Jude an, sich mit dem Bären anzulegen. Er geht los, kommt aber lange Zeit nicht zurück. Die anderen beiden werden unruhig. Plötzlich sehen sie ein Blaulicht und hören das Martinshorn. Besorgt eilen sie herzu und bekommen gerade noch mit, wie ihr jüdischer Freund abtransportiert wird. Sie fahren hinterher und besuchen ihn auf der Intensivstation. Wie übel ist er zugerichtet, obendrein von Verbänden nahezu komplett eingewickelt! Sie erkennen ihn kaum wieder. »Was ist denn passiert?«, fragen sie ihn erschrocken. Mit letzter Kraft und brüchiger Stimme reagiert der Jude: »Ich hätte doch ... doch nicht ... versuchen sollen, ihn ... zu beschneiden!«

Lachen gegen Wichtigtuerei und Selbstüberschätzung

Humor ist das beste Mittel gegen alles aufgeblasene Gebaren, das es bekanntlich in allen Lebensbereichen gibt. Je wichtiger man sich nimmt, je eindrucksvoller einer auftreten möchte, desto weniger hat er zu lachen. Deshalb sind die Fanatiker aller Art – Kommunisten, Faschisten, religiöse Eiferer – so schrecklich humorlos. Sie sind verbissen und nur darauf bedacht, dass kein Stäublein ihr Denkmal schändet. Wehe dem, der es wagt, sich über sie lustig zu machen!

Walter Ulbricht, der frühere Generalsekretär der SED in der DDR, tauschte sich mit Willy Brandt aus, der damals Bundeskanzler war. Beide kamen auf die Witze zu sprechen, die man über sie machte. Willy Brandt gestand: »Ich sammle solche Witze und habe schon eine ganze Menge beieinander.« Darauf Walter Ulbricht: »Ich mache das ähnlich. Aber ich sammle lieber die Menschen, die über mich ihre Witze machen!« Wo hat er sie gesammelt? In Bautzen und anderen Strafanstalten der DDR. Denn wer es wagte, sich über die führenden Personen der SED lustig zu machen, musste mit dem Schlimmsten rechnen. Politische Witze wurden deshalb nur im vertrauten Raum und hinter vorgehaltener Hand weitererzählt, immer mit dem besorgten Blick nach allen Seiten, ob denn wohl einer zuhörte, der das eventuell der Polizei weitermelden würde. Die Angst war der ständige Begleiter des Lachens. Aber das Lachen hat innerlich befreit. Deshalb blühen nach wie vor in totalitären Staaten Witze besonders üppig. Sie bilden eine Art Überdruckventil, in dem sich das entlädt, was im Alltag unterdrückt und verboten ist. Vor nichts haben die Machthaber mehr Angst als davor, dass man sich über sie lustig macht. Sie verstehen keinen Spaß. Auch Komik, Karikaturen, Satire und andere Stilmittel des Humors stehen unter Generalverdacht. Gelächter könnte die Ehrfurcht töten und das selbst gebastelte Denkmal schänden. Das darf nicht sein.

Auch in unserer Gesellschaft treffen wir gockelhaftes Gehabe an, in der Vergangenheit sicherlich noch ausgeprägter als heute. Was besonders würdig, steif und aufgeblasen daherkommt, wird häufig zum Ziel von Spott und Gelächter. Beim sprichwörtlich preußisch-korrekten Beamten, der seine Kunden nicht als Mitbürger, sondern als Untertanen behandelt, macht man sich gerne über ihn und seine Marotten lustig. Ebenso über den Bürgermeister, der vor jeder Uniform strammsteht und zackig salutiert. Er wird von einem ehemaligen Gefängnisinsassen ausgetrickst, der dann als »Hauptmann von Köpenick« in die Geschichte eingeht. Was so eitel daherstolziert, löst erleichterndes Lachen aus, wenn ihm etwas danebengeht. Wenn Kleines das Große hinabzieht, wirkt es komisch. Je größer die Fallhöhe, desto verständlicher die Schadenfreude bei denen, die das miterleben. Was sich als groß gebärdet, wird auf menschliches Normalmaß zurechtgestutzt. Erhabenes wird banal. Das löst Gelächter aus.

Leider gibt es Wichtigtuerei auch unter Christen. Sie zeigt sich vor allem in der Form der Selbstüberschätzung. Dann sind wir überzeugt: So und so muss Gott jetzt meine Gebete erhören und handeln. So wie ich das überschaue, ist das angemessen. So muss es kommen. Wir legen Gott fest, wie er eingreifen und ein Problem bei uns lösen muss. Doch diese Selbstbezogenheit tut uns nicht gut. Davon berichtet eine humorvolle Geschichte über ein frommes Ehepaar:

Die Eheleute stehen kurz vor ihrem jeweils 60. Geburtstag und wollen diesen gemeinsam feiern. Dabei überkommt die Frau ein Wunsch, den sie zu einem Gebet macht: »Lieber Gott, ich habe mich viele Jahrzehnte nicht geschont. Um meinen Mann und meine Familie habe ich mich gekümmert. Darüber hinaus habe ich mich in der Kirchengemeinde eingesetzt. Zu einer Urlaubsreise hat es nicht gereicht. Nun wünsche ich mir zum Geburtstag eine Weltreise. Endlich einmal ausspannen, sich verwöhnen lassen und die schönsten Städte der Welt sehen, das wäre prima!« Und tatsächlich: Umgehend wird das Gebet erhört. Augenblicklich, wie von Geisterhand gesteuert, liegen alle Unterlagen, alle Flug- und Kreuzfahrttickets vor ihr. Die Frau ist selig und strahlt übers ganze Gesicht. Da wird ihr Mann neidisch. Auch er bringt bei Gott einen Wunsch an: »Lieber Gott, ich hätte gerne eine dreißig Jahre jüngere Frau!« Kaum zu glauben, aber auch dieses Gebet wird augenblicklich erhört. Ab sofort ist der Mann 90 Jahre alt!

Ein amerikanischer Prediger fragte einmal, wie man Gott zum Lachen bringen könne. Er fügte gleich die Antwort hinzu: »Indem man ihm erzählt, was man morgen unternehmen wird.« Wer das tut und dabei den Vorbehalt unterschlägt: »Wenn der Herr will, werden wir leben und dies oder das tun« (Jakobus 4,15), meint irrigerweise, sein Leben im Griff zu haben und über die Zeit nach Belieben verfügen zu können. Doch keiner weiß, was im nächsten Augenblick, geschweige denn morgen sein wird. Wir sind nicht Gott, sondern kleine Menschen (vgl. Prediger 5,1). Wir überblicken unseren weiteren Lebensweg nicht. Dies zu wissen, macht uns bescheiden und demütig: »Meine Zeit steht in deinen Händen« (Psalm 31,16).

Wie oft wird Gott wohl über uns lachen (Psalm 2,4), wenn wir uns überschätzen und so wichtig nehmen, als wären wir Gott selber und könnten schalten und walten wie er?

Freude, Humor und Lachen — unter allen Umständen

∽

Ich freue mich an diesem Leben,
ein jeder Tag, der mir gegeben,
ist ein Geschenk aus Gottes Hand.
Ich bin vergnügt auf meinen Wegen,
weil ich umstellt von seinem Segen,
dies hab ich immer neu erkannt.

KURT HEIMBUCHER

Wenn die Lebensumstände erfreulich sind, fällt es uns leichter, fröhlich zu sein und oft zu lachen. Das ist jedem zu gönnen. Aber die Probe aufs Exempel besteht darin, sich auch dann zu freuen, wenn es eher trübe um uns bestellt ist: Wir machen uns Sorgen um einen Menschen, der uns nahesteht, wir fühlen uns massiven Problemen ausgeliefert, wir werden krank, und die Diagnose bleibt unklar, wir stehen am Grab eines Menschen, mit dem wir eng verbunden waren. Auch solche Stunden gehören zu uns. Keiner kann sie sich ersparen. Unser Leben ist kein Spaßprogramm. Und wir sind keine Überflieger, die kühn alle Lagen meistern. Das Leben setzt uns zu, und oft haben Ärger, Leid und Trauer ihren berechtigten Platz. Wenn uns etwas das Leben schwer macht, darf dies nicht durch eine aufgesetzte Freude übertüncht werden. Paulus schreibt im Römerbrief nicht nur: »Seid fröhlich in Hoffnung«, sondern er fügt gleichwertig hinzu: »geduldig in Trübsal« (Römer 12,12). Auch die herausfordernden Situationen gehören zum Christenleben und wollen ernst genommen und durchstanden sein.

So haben das vor allem Menschen erfahren müssen, die in schwierigen Zeiten zu leben hatten. Ihr persönliches Schicksal war in böse politische Umstände eingebettet. Was haben manche Menschen durchmachen müssen, vor allem in den schlimmen Kriegen der vergangenen Jahrhunderte, in Flucht und Vertreibung und allem Schrecklichen, das damit einhergegangen war.

Doch gerade in solchen Phasen, in denen es hart auf hart kommt, kann sich unser Glaube bewähren. Hier zeigt sich, ob er eine Schönwetterangelegenheit ist oder ob er auch finsteren Augenblicken standhält und in allem Belastenden Freude schenken kann.

Freude auch in schwierigen Zeiten

Selbst dann, wenn die äußeren Umstände alles andere als ergötzlich sind, leben wir als Christen unter einem heiteren Himmel. Dass Gott uns herzlich liebt und uns wohlgesonnen ist, erweist sich auch wenn wir das nicht spüren. In diesen Momenten erscheint uns Gott fraglich, und seine Güte wirkt wie ein hohles Wort. Die Lebensumstände sprechen schließlich deutlich dagegen, oder?

In solchen Augenblicken zerbricht uns nicht Gott sondern die Bilder zerbrechen, die wir uns von ihm gemacht haben. Wir werden in solchen Stunden Opfer der Vorstellungen, die wir von Gott im Kopf haben. Sie haben in uns Form angenommen durch unsere Erziehung, durch unsere religiöse Prägung und durch landläufige Meinungen. Denen zufolge haben wir es mit einem »lieben Gott« zu tun, der allen wohl- und keinem wehzutun hat. Er ist harmlos. Am liebsten hat er uns, so meinen wir, wenn er unsere Wünsche erfüllt und uns das gibt, was wir uns in den Kopf gesetzt haben. Kommt es anders und werden wir durch schreckliche Ereignisse schockiert, rebellieren wir: »Wie kann Gott das zulassen?!« oder sagen ihm gänzlich Lebewohl.

Doch der Gott, von dem uns die Bibel berichtet und der uns in Jesus Christus begegnet, ist völlig anders. Seine Liebe zu uns zeigt sich nicht darin, dass er uns die Wünsche von den Augen abliest und uns das gibt, was wir gerne hätten (und das kann manchmal sehr töricht sein, wenn man bedenkt, welche Wünsche der Mann in der Geschichte auf S. 102 hatte).

Unser Leid und Gottes Liebe schließen sich niemals aus, sondern gehören auf geheimnisvolle Weise zusammen. Dieses Zusammenspiel durchschauen wir nicht, aber wir können uns fest darauf verlassen. Kaum einer hat das derart durchbuchstabiert wie Paul Gerhardt im Schrecken der »deutschen Urkatastrophe« des Dreißigjährigen Krieges. Seine Lieder beschreiben ungeschminkt das schreckliche Geschehen. Es geht »durch so viel Angst und Plagen, durch Zittern und durch Zagen, durch Krieg und große Schrecken, die alle Welt bedecken«. Er spricht von der »großen Jammerlast, die kein Mund kann aussagen«.

Doch Paul Gerhardt überließ sich nicht seinem Schmerz, den er auch in seinem privaten Leben reichlich durchzustehen hatte. Er sah auch die andere Seite: die Güte und Freundlichkeit Gottes. Allem Bedrückenden zum Trotz hält Gott seine Menschen in Liebe »fest umfangen«.

~

Nichts, nichts hat dich getrieben zu mir vom Himmelzelt als das geliebte Lieben.

PAUL GERHARDT

Deshalb sind Paul Gerhardts Lieder vom Ton der Freude durchzogen. Sie machen Mut, auch schwere Zeiten aus Gottes Hand zu nehmen und sie mit seiner Hilfe zu meistern.

~

Gott sitzt im Regimente und führet alles wohl.

PAUL GERHARDT

Wer glaubt, nimmt eben nicht nur das Schlimme wahr, sondern er verbindet es mit seinem Gott. Er sieht also mehr als das, was ihm seine fünf Sinne sagen. Deshalb weiß das Neue Testament von der Freude, die auch mitten in der Verfolgung und im Leid nicht unterzukriegen ist. So spricht Paulus von Nöten, Bedrängnissen und Schmerzen, die ihm über die Maßen zusetzen. Böse Gerüchte gehen über ihn um. Traurig ist er, »aber allezeit fröhlich« (2. Korinther 6,10). Was er an Widrigkeiten durchleidet, kann seine Freude nicht ersticken. Diese Freude hat eine geheimnisvolle Ursache: »Freuet euch in dem Herrn allewege, und abermals sage ich: Freuet euch!« (Philipper 4,4). Es sind also nicht in erster Linie die glücklichen Lebensumstände, die Freude auslösen, sondern das Wissen um Jesus, den Heiland und Erlöser. Nur wenn wir »aufsehen« (Hebräer 12,2) zu ihm und mit ihm rechnen, kommt die Freude über uns. Wir haben so viel Freude, wie wir Jesus bei uns Raum geben. Er allein macht christliche Freude tragfähig und dauerhaft.

Diese Freude reicht in alle Lebensabschnitte hinein. Es kann keinen Augenblick geben, wo das Licht dieser Freude ausgeblasen wäre.

Denen, die Gott lieben, muss auch ihr Betrüben lauter Freude sein.

JOHANN FRANCK

Seit dem 16. Jahrhundert wird Francks Lied häufig auch bei Trauerfeiern angestimmt. So wird selbst am Grab ein Funke von Freude spürbar, weil Jesus auch mitten im Leid tröstend auf uns zu tritt.

Freude und Leid, Krankheit und Humor stehen sich für Christen nicht konträr gegenüber, sondern gehören in der Person von Jesus zusammen weil alle Lebenslagen von ihm durchdrungen und umschlossen sind. Die Freude setzt sich immer wieder durch.

»Seid allezeit fröhlich«, ermuntert Paulus die Gemeinde in Thessalonich (1. Thessalonicher 5,16) Das schreibt er Christen im römischen Weltreich die sich mit ihrer Frömmigkeit bedeckt halten mussten, weil ihr Glaube verboten war. Es war gefährlich, sich öffentlich zu Jesus zu bekennen. Die Behörden standen den Christen meist misstrauisch bis feindselig gegenüber. Oft genug brandeten Verfolgungen auf, und Christen mussten dann um Hab und Gut, Leib und Leben fürchten. Ängste waren ständige Begleiter. Aber – so Paulus – sie sollen und können nicht die Freude mindern, die von Jesus ausgeht und die seine Leute erfasst. Deshalb gilt: »Seid allezeit fröhlich.«

Auch wenn es widrig und schlimm zugeht, haben wir als Christen einen Halt. Wir sind überzeugt: Gott sorgt für uns. Das entspannt und macht ruhiger und gelassener. Es gibt dann immer noch Gelegenheiten zum Freuen und Lachen – allem zum Trotz, was dagegen sprechen mag. Der Glaube macht uns unbeschwert und widerständig. Wer sich bei Gott aufgehoben weiß, den kann nichts und niemand kaputtmachen. Glaube verhilft zu einem gesunden Abstand zu dem, was auf uns einstürmt. Es frisst uns nicht mehr auf. Wir betrachten es von einer höheren Warte aus, von der des Glaubens. Wer über den Dingen steht, kann sie belächeln. Selbst »in dem rasenden Getümmel« schenkt Gott »Glaubensheiterkeit« (Philipp Spitta). Gerade in krisengeschüttelten Zeiten können Humor und Lachen zu einem Zeichen innerer Freiheit und Überlegenheit werden.

So zeigt es auch ein Blick auf die afroamerikanischen Sklaven in den Vereinigten Staaten im 19. Jahrhundert. Sie verliehen mit Gospelgesängen ihrer Hoffnung einen strahlenden musikalischen Ausdruck. Sie wussten, dass ihre jetzige bedrückende Lage niemals ihre Endstation sein würde. Ihr Glaube blickte über das gegenwärtige Elend hinaus. Diese Töne erklingen bis heute in der christlichen Gemeinde und weit darüber hinaus. Nach wie vor rühren sie Menschen an.

Gerade in herausfordernden Situationen erweist sich Humor als ein Zeichen von Würde. Er legt offen: Der Mensch ist über das erhaben, was ihm widerfährt. Persönlich gesprochen: Ich bin nicht mein Schicksal, meine Unterdrückung, auch nicht meine Krankheit. Ich gehe nicht in dem auf, was mir zustößt. Ich stehe drüber.

Freude über Gottes herrliche Zukunft

Christliche Freude beginnt im Himmel, und dorthin kommt sie auch wieder zurück. Es kommt die Stunde, da wird endgültig »unser Mund voll Lachens und unsre Zunge voll Rühmens sein« (Psalm 126,2). Weil Gott seinen neuen Himmel und seine neue Erde schaffen wird (vgl. Offenbarung 21) und wir dann endgültig lachen werden, können wir heute schon ein wenig damit anfangen. Jede Freude wird so zu einer Art »Appetithäppchen« für den Himmel.

Die Freude auf Erden ist ein Vorklang und Vorgeschmack der himmlischen Freude.

HULDRYCH ZWINGLI

Heute gleicht Humor einer bescheidenen Rate des Glücks, das in der Ewigkeit auf uns wartet. Dort wird es Freude pur geben, total und zeitlich unbegrenzt, hier und heute nur bruchstückhaft.

Als Christen befinden wir uns auf der Lebensreise zum Himmel. Wir sind als »Gast auf Erden« (Paul Gerhardt) wie Nomaden unterwegs. Deshalb ist das, was uns gegenwärtig zusetzt und ärgert, nur etwas Provisorisches und Vorletztes. Darauf verweist auch Jesus seine Jünger: »Selig seid ihr, die ihr jetzt weint; denn ihr werdet lachen« (Lukas 6,21). Diese Gewissheit macht christliche Freude bereits heute tragfähig und dauerhaft.

Die Freude, die wir bei Jesus finden, lebt nicht von dem, was wir uns an Freuden bereiten, und seien sie noch so kostbar. Sie hat ihre Quelle in dem, was uns vom Himmel gegeben wird. Diese Freude kennt keine Auszeit. Sie erweist sich als alltagsfest und widerstandsfähig. Sie behält auch im Leiden festen Bestand, weil uns von Gottes Liebe nichts scheiden kann. Das Glück, das wir bei Jesus finden, verbraucht sich nicht, sondern reichert sich im Laufe eines langen Lebens an. Es bleibt unabhängig von unseren Stimmungen und Launen.

Freude steckt an

*Freude ist ein Netz von Liebe, mit dem man
Seelen fangen kann.*

MUTTER TERESA

In der Freude, die aus dem christlichen Glauben quillt, steckt gewinnende Kraft, die uns und andere berührt. Die Freude des Himmels überträgt sich auf uns und auf die Tonart unserer Verkündigung. Sie prägt das Klima in unseren Veranstaltungen. Sicherlich können wir die Freude nicht befehlen, aber wir können in Predigten und in der Art unserer Gottesdienstgestaltung den Menschen etwas zum Freuen geben. Denn nur Positives bewegt Menschen auf Dauer und weckt in ihnen den Mut, ihr Leben neu auszurichten.

Der englische Erweckungsprediger Charles Haddon Spurgeon (1834–1892) gibt heilsame *Ratschläge für Prediger*:

∽

Der christliche Prediger muss sehr heiter sein. [...] Ich empfehle Heiterkeit allen denen, die Seelen gewinnen wollen. Nicht Leichtsinn und Oberflächlichkeit, aber ein freudiges, glückliches Gemüt. Man fängt viel mehr Fliegen mit Honig als mit Essig, und wer den Himmel im Gesicht hat, wird auch mehr Menschen in den Himmel führen als der, in dessen Augen sich die Hölle spiegelt.

Spurgeon hat gewusst, was heute durch vielfältige Untersuchungen bestätigt wird: Das Klima der Veranstaltung, die Tonart und der Gesichtsausdruck des Predigers sind mindestens so wichtig wie die dargebotenen Inhalte.

Es gilt in der Gemeinde wie überall: Humorvolle Menschen sind eine Wohltat für andere. In ihrer Nähe fühlt man sich gut aufgehoben. Gerne sucht man zu ihnen den Kontakt und freut sich auf jede Begegnung. Dabei geht es meist fröhlich zu. Das macht ungewollt aufmerksam. Zu solchen Gemeinden und Gruppen kommen Neue gern hinzu, denn die Freude macht neugierig. Und Neugierde erweist sich bekanntlich als der beste Missionar.

Von einer Gemeinschaft, die von einer gemeinsamen Freude erfüllt und getragen ist, geht ermutigende Dynamik aus. Wo es fröhlich, aufmerksam und liebevoll zugeht, werden wir einander zu »Gehilfen zur Freude« (2. Korinther 1,24). Die Freude, die uns erfasst hat und in der wir leben, überträgt sich auf andere. Sie steckt an und macht ihnen Mut, nun auch selber Schritte des Glaubens zu gehen und damit in das Land der Freude einzutreten.

Quellenverzeichnis

Alle verwendeten Bibelstellen sind der Lutherbibel, revidierter Text 1984, durchgesehene Ausgabe, © 1999 Deutsche Bibelgesellschaft, Stuttgart, entnommen.

S. 9: Martin Luther; zitiert nach: D. Martin Luthers Werke. Kritische Gesamtausgabe (Weimarer Ausgabe). Tischreden. 6 Bände. Weimar 1912–1921.

S. 16: Georg Christoph Biller; zitiert nach: 3E. echt.evangelisch.engagiert. Das Ideenmagazin für die Evangelische Kirche. Nr. 2/2012.
Paul Gerhardt: Ist Gott für mich, so trete. EG 351, Strophe 13.

S. 19: Martin Luther; zitiert nach: D. Martin Luthers Werke.

S. 26: Matthias Claudius: Der Mond ist aufgegangen. EG 482, Strophe 5.
Martin Luther; zitiert nach: Kurt Aland (Hrsg.): Luther Deutsch. Die Werke Martin Luthers in neuer Auswahl für die Gegenwart. Band III. Klotz Verlag, Stuttgart 1957, S. 106.

S. 27: Huldrych Zwingli; zitiert nach: Berndt Hamm: Zwinglis Reformation der Freiheit. Neukirchener Theologie, Neukirchen-Vluyn 1988.

S. 28: Nikolaus Graf von Zinzendorf; zitiert nach: Otto Uttendörfer: Zinzendorfs religiöse Grundgedanken. Missionsbuchhandlung, Herrnhut 1935.

S. 31: Christian Keimann: Freuet euch, ihr Christen alle. EG 34, Strophe 1.

S. 32: Paul Gerhardt: Fröhlich soll mein Herze springen. EG 36, Strophe 7.

Paul Gerhardt: Ich singe dir mit Herz und Mund. EG 324, Strophe 13.

Johann Ludwig Konrad Allendorf: Jesus ist kommen. EG 66, Strophe 1.

S. 33: Johann Franck: Jesu, meine Freude. EG 396, Strophe 6.

Kurt Müller-Osten: In dem Herren freuet euch. Jesus – unsere Freude. Gemeinschaftsliederbuch Nr. 357, Strophe 1.

Werner Arthur Hoffmann: Freuet euch allezeit. Jesus – unsere Freude. Gemeinschaftsliederbuch Nr. 347, Strophe 1.

Diethelm Strauch: Seid fröhlich, ihr Christen. Jesus – unsere Freude. Gemeinschaftsliederbuch Nr. 364, Strophe 1.

S. 34: Kommunität Gnadenthal: Seid nicht bekümmert. Jesus – unsere Freude. Gemeinschaftsliederbuch Nr. 365, Strophe 1.

Martin Luther; zitiert nach: D. Martin Luthers Werke.

S. 35: Cyriakus Schneegaß: In dir ist Freude. EG 398, Strophe 1–2.

S. 41: Martin Luther; zitiert nach: D. Martin Luthers Werke.

S. 45: Paul Gerhardt: Geh aus, mein Herz, und suche Freud. EG 503, Strophe 1.

S. 47: Johann Ludwig Konrad Allendorf: Jesus ist kommen. EG 66, Strophe 1 und 3.

S. 54: Paul Gerhardt: Warum sollt ich mich denn grämen. EG 370, Strophe 8.

Christian Fürchtegott Gellert: Jesus lebt, mit ihm auch ich. EG 115, Strophe 1.

S. 55: Carl Friedrich Brockhaus: Harre, meine Seele, harre des Herrn. Jesus – unsere Freude. Gemeinschaftsliederbuch Nr. 506, Strophe 3.

S. 62: Georg Weissel: Macht hoch die Tür. EG 1, Strophe 1.

S. 70: Stephan Holthaus: Mit Werten führen. Erfolgsrezepte für Menschen in Verantwortung. Brunnen Verlag, Gießen 2011, S. 192f.

S. 105: Kurt Heimbucher: Ich freue mich an diesem Leben. Jesus – unsere Freude. Gemeinschaftsliederbuch Nr. 389, Strophe 1.

S. 109: Paul Gerhardt: Nun lasst uns gehn und treten. EG 58, Strophe 3.
Paul Gerhardt: Wie soll ich dich empfangen. EG 11, Strophe 5.
S. 110: Paul Gerhardt: Wie soll ich dich empfangen. EG 11, Strophe 5.
Paul Gerhardt: Befiehl du deine Wege. EG 361, Strophe 7.
S. 111: Johann Franck: Jesu, meine Freude. EG 396, Strophe 6.
S. 113: Philipp Spitta: Geist des Glaubens, Geist der Stärke. EG 137, Strophe 8.
S. 115: Huldrych Zwingli; zitiert nach: Hamm: Zwinglis Reformation.
S. 116: Paul Gerhardt: Ich bin ein Gast auf Erden. EG 529, Strophe 1.
S. 118: Charles Haddon Spurgeon: Ratschläge für Prediger. Oncken Verlag, Wuppertal 1952, S. 134.

neukirchener aussaat

Leben aus dem Einen!

Voller Poesie und Humor

Jüdischer Humor und rabbinische Weisheit – Axel Kühner hat sie gekonnt zusammengestellt und mit biblischen Worten verknüpft. Eine wunderbare Auswahl voller Poesie und mit den ausdrucksstarken Illustrationen von Vladimir Mir ein besonderes Geschenk.

Axel Kühner
Voller Witz und Weisheit
Jüdischer Humor und biblische Anstöße
gebunden, 108 Seiten, ISBN 978-3-7615-5621-4

neukirchener aussaat

Leben aus dem Einen!

Für mehr Heiterkeit und Herzlichkeit

55 witzige Geschichten von lieben Mitmenschen und humorvollen Alltagsszenen in der Kirche. Dazu passende Bibelstellen. So entstehen Denkanstöße der besonderen Art. Schmunzeln mit Tiefgang – und mit Aha-Effekt!

Axel Kühner
Ein Lächeln macht die Runde
55 heitere Episoden für fröhliche Christen
gebunden, 96 Seiten, ISBN 978-3-7615-5773-0